ぐんぐん

考える力を育む

かがく クイズブック

監修 国立科学博物館
国立天文台
小林快次・田中康平

JN205741

西東社

もくじ

どうぶつ**クイズ** 2

しょくぶつクイズ

きょうりゅうクイズ

くらしとちきゅうクイズ

うちゅうクイズ

たべもの

クイズ

イモ、まめ、うどん、
なっとう、おすし、くだもの、
ピーマンなど **25**もん

サツマイモは しょくぶつの どのぶぶんが 大きくなったもの?

1 くき　2 ねっこ　3 はっぱ

サツマイモに たっぷりと
ふくまれているのは
なんという えいよう分かな?

1 でんぷん

2 たんぱくしつ

3 しぼう

あまみの
もとになる
えいよう分
だよ!

13

メロンの あみもようは 人間でいうと なにと 同じ?

1 かさぶた

2 血かん

3 かみの毛

みが せいちょうすると あみもようが できるんだ。

かく大すると……

クイズ1の こたえ 2

しょくぶつには 土の中で ねっこや くきを 太らせて えいようを ためこむものが あり、 それらを「イモ」と よんで 食べています。 イモの しゅるいは さまざまで、サツマイモは ねっこ、ジャガイモは くきを 食べる イモです。

くだものの
はでな 色や あまい かおりは
なんのため？

鳥や けものなどの
生きものが
かんけいしているよ。

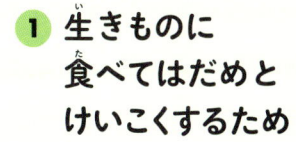

1 生きものに
食べてはだめと
けいこくするため

2 生きものに
食べてもらい、
たねを 遠くへ
はこんでもらうため

クイズ2の こたえ ①

サツマイモに たくさん ふくまれている
「でんぷん」は、お米や パンなどにも ふくまれる
えいよう分です。サツマイモを すりおろして
ガーゼで つつみ、水を はった ボウルの中で
もむと、でんぷんを とり出すことが できます。

そばは そば粉で できている。では、うどんは なに粉で できているの?

1 米粉

2 小麦粉

3 かたくり粉

もちもち　つるつる

ざいりょうの 粉と 水を まぜて きじを つくるよ。

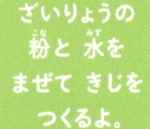

クイズ3の こたえ ①

メロンの みは せいちょうが はやく、とちゅうで かわが さけてしまいます。それを ふさぐときに 中から しるが しみ出て あみもようが できます。つまり、あみもようは 人の かさぶたのようなものなのです。

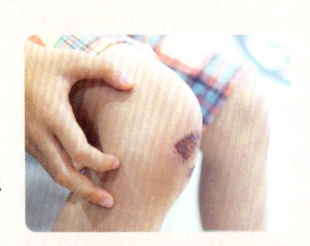

うどんを 手づくりするとき コシを 強くするために やることは なに?

1 足で ふむ

2 もちを まぜる

3 お日さまに 当てる

ざいりょうを まぜる

ここに 入るよ!

?

きじを ねかせる

ゆでて かんせい!

細く 切る

クイズ4の こたえ 2

くだものが じゅくすと 目立つ 色になったり、いい においを させたりするのは、鳥や けものに 食べてもらうため。おなかに 入って はこばれて ふんに まじって たねが おとされると、新しい ばしょで また めを 出すことが できます。

クイズ7

サーモンは 赤身魚？それとも 白身魚？

1 赤身魚

2 白身魚

たとえば、
マグロは 赤身魚。
タイは 白身魚だよ。

クイズ5の こたえ 2

うどんは 小麦粉で できています。コムギという
しょくぶつの みを 粉にしたものです。そばの ざいりょうの
そば粉は、ソバという しょくぶつの みを 粉にしたものです。
かたくり粉は、もともと カタクリという しょくぶつの ねが
ざいりょうでしたが、今は ジャガイモから つくられています。

コムギの み

ソバの み

イクラは なんの 魚の たまごかな？

1 チョウザメ

2 タラ

3 サケ

> イクラは
> ロシア語で
> 「魚の たまご」
> という
> いみなんだ。

クイズ6の こたえ ①

うどんを よく こねると、小麦粉の中の たんぱくしつが
「グルテン」という ぶっしつになります。
これが もちもちとした コシの 強い うどんを つくる
もとです。足で ふむことで、しっかり こねられ、
うどんに コシが 生まれます。

クイズ 9

しんせんな タイの とくちょうは なんだろう?

ちょっと おしゃれな とくちょうよ!

1 目の上が 青い

2 せなかに 黄色い 線が ある

3 前歯が キバのように とがっている

クイズ**7**の こたえ **2**

マグロのように 長い 時間 海を およぎまわっている
魚は、赤身です。いっぽう、白身魚は 海のそこで
しずかに くらし、いざというときは すばやく およぎます。
サーモンは よく 赤身魚と かんちがいされますが、赤い
オキアミを 食べて 身が オレンジ色になった 白身魚です。

オキアミ
(エビの 遠い なかま)

おすしの ネタにもなる、
コリコリした 食感（しょっかん）の えんがわ。
なんの 魚（さかな）の いちぶかな?

クイズ 10

1 ヒラメ

2 タイ

ヒント

「えんがわ」は、
ヒレを うごかす
きんにくの ぶぶん。

3 カツオ

クイズ **8** の こたえ **3**

イクラは サケの たまごです。さいきんでは
マスの たまごの「ますこ」も イクラとして
売られることが ありますが、ますこは イクラより
小（ちい）さいことが 多（おお）いです。チョウザメの たまごは
キャビア、タラの たまごは たらこです。

ジャガイモは 太陽の 光に 長い 時間 当たると なに色になる?

1 赤

2 みどり

3 白

大きくなるまで 土の中で そだつんだ!

クイズ9の こたえ ①

あさい 海のそこに すむ タイは、前歯が キバのようになっていて、エビ、カニ、 貝などの かたい カラも かみくだきます。 しんせんな タイには、目の上に 青い アイシャドウが 入っています。

みどりの ピーマンは とらないでおくと どうなる?

クイズ
12

1 にがみが 強くなる

2 赤くなって にがみが へる

3 身が あつくなって パプリカになる

みどりの
ピーマンは
えいよう たっぷり。

クイズ10の こたえ **1**

ヒラメや カレイの ヒレの つけねの
きんにくの ぶぶんを、えんがわといいます。
その形が、日本の 家の「縁側 (にわに
はり出した 細長い ろうかの ぶぶん)」に
にていることから、名づけられました。

ピーマンが にがいのは なんのためだろう?

1 にがみが すきな
生きものに 食べてもらうため

2 そだちきっていない たねを
食べられないようにするため

3 とくに いみは ない

クイズ11の こたえ ②

ジャガイモは くきの いちぶなので、太陽の 光に
長時間 当たると みどり色に かわってしまいます。
みどりの ぶぶんには どくが ふくまれているので、
しゅうかくしたら 色が かわらないよう
光が 当たらない ばしょで ほかんされます。

ピーマンの にがい あじの もとになる せい分の 名前を なんていう?

クイズ 14

1 クエルシトリン

2 ピラジン

3 ビタミンC

クイズ 12の こたえ 2

みどりの ピーマンを とらないでおくと、
だんだん 赤くなります。かんぜんに じゅくして
真っ赤になった ピーマンは、みどりの ピーマンほど
日もちは しませんが、にがみが へって あまみが
かんじられるようになります。

クイズ 15
レンコンは どういう ばしょで そだつの?

レンコンは
「ハス」という
しょくぶつの
くきの
ぶぶんだよ。

1 土の中　　**2** すなの中　　**3** どろの中

クイズ13の こたえ **2**

やさいや くだものの 多くは、鳥や 虫などの 生きものに
みを 食べさせて、ふんを つうじて たねを 広げます。そのため、
じゅくすと おいしそうな 色や においになります。みどりの
ピーマンは まだ じゅくす前で、そだちきっていない たねを
食べられないように、にがくなっているのです。

26

レンコンに あいている あなは、なんのためのもの?

クイズ
16

1 空気を
とりこむため

2 しょうげきを
きゅうしゅう
するため

3 水を
とりこむため

しょくぶつも
こきゅうを
しているんだ!

クイズ14の こたえ 1

ピーマンの にがみの もとの「クエルシトリン」
という せい分は、おしっこや うんちを
出やすくする こうかが あります。ピーマンは、
よこに 切るよりも、たてに 切るほうが にがみを
かんじにくくなるといわれています。

にがみを かんじにくい
切りかた

おいしい サツマイモの 目じるしは なんだろう?

1 はしの 切り口が 黒くなっている

2 かわの 色が こくて あざやか

3 細長くて すらっと している

こたえは
2つ!

クイズ15の こたえ **3**

池などに さく ハスの 花と レンコンは 同じ
しょくぶつです。レンコンは かん字で
「ハス（蓮）の ね（根）」と 書きます。でも、
レンコンは ねっこではなく、池のそこの
どろの中に うまっている 「くき」の ぶぶんです。

じゅくす前の メロンと キウイを 同じ ポリぶくろに 入れておくと どうなるかな?

クイズ 18

じゅくす前の キウイと メロンを つかって、 ためしてみよう!

1 キウイが 早く じゅくす

2 キウイが じゅくさなくなる

キウイ

クイズ16の こたえ 1

レンコンには だいたい 10こくらいの あなが あります。レンコンが そだつ どろの中には ほとんど 空気が ないため、はっぱを つかって 水の上から 空気を とりこみ、あなを とおして ぜんたいに 空気を とどけているのです。

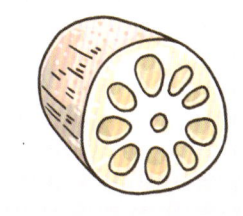

イチゴの 「み」って どこの ぶぶん?

1 イチゴ ぜんたい
（へたいがい）

2 つぶつぶの ぶぶん

3 中の 白い ぶぶん

クイズ17の こたえ **1** と **2**

元気に そだった サツマイモは ずっしりしていて
太く、かわの 色が こくて あざやかです。
また、はしの 切り口に ついている
黒いものは、ミツ。このミツが、あまくて
おいしい サツマイモの 目じるしです。

ずっしり
していて
太い

黒い ミツが
ついている

かわの 色が
こくて あざやか

イチゴが 店に ならぶ
きせつは いつかな?

わたしたち、さむいのも
あついのも ちょっと にがてなの。

1 冬から春

2 春から夏

3 秋から冬

クイズ**18**の こたえ **1**

メロンは、「エチレン」という くだものが
じゅくすのを たすける ガスを 出します。
メロンと キウイを 同じ ポリぶくろに 入れて
空気が 入らないようにし、風とおしの よい ばしょに
おいておくと、キウイが 早く じゅくします。

びせいぶつの 力を つかって つくられた、はっこう食ひんは どれ?

1 ヨーグルト

2 チーズ

3 パン

こたえは
1つじゃ
ないよ!

クイズ19の こたえ 2

イチゴの 赤い ぶぶんは みではなく、花の 中心に あった「花たく」が ふくらんだものです。たねのように 見える ひょうめんの つぶつぶが じつは みで、たねは さらに その中に あります。

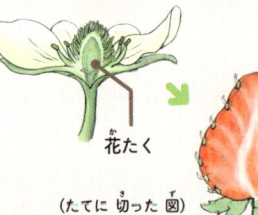

花たく

→み

(たてに 切った 図)

つぎの 食べもののうち、だいずで できた 食べもの ではないものは どれ?

クイズ
22

だいず

1 とうふ

2 あんこ

3 しょうゆ

クイズ20の こたえ 1

日本で イチゴが とれる きせつといえば 春です。
イチゴは さむさや あつさに あまり
強くありません。ただ、冬は ビニールハウスで
ちょうど よい 温度に できるため、冬にも
おいしい イチゴを つくることが できます。

クイズ 23

むした だいずに なっとうきんを まぜたあと、どうすると なっとうになるの?

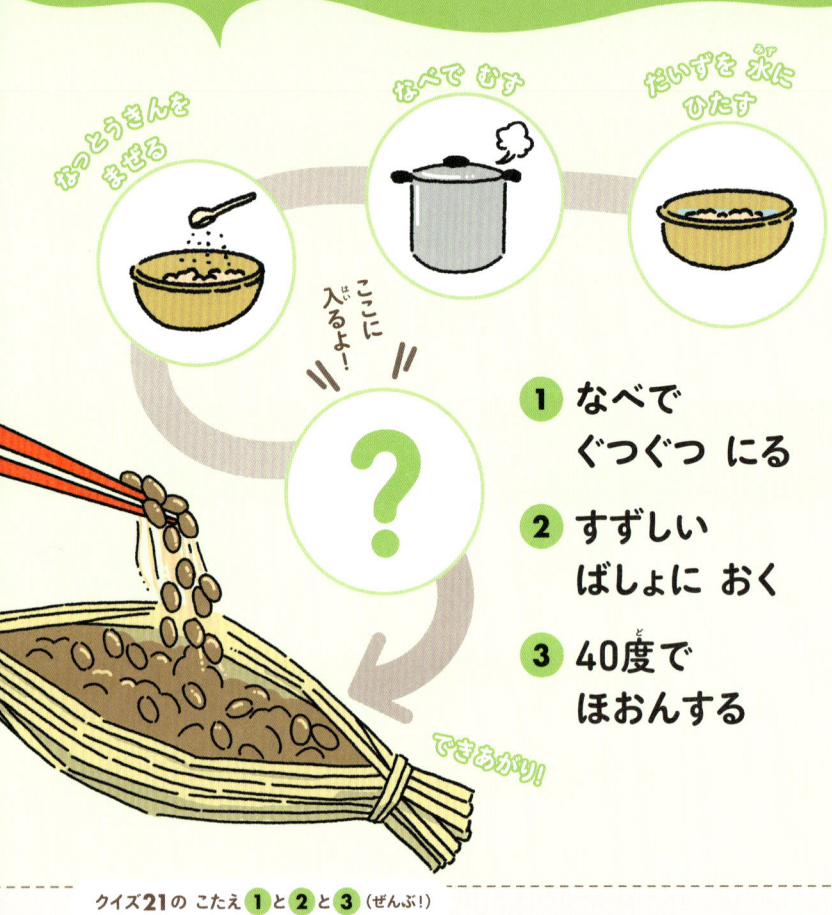

なっとうきんを まぜる

なべで むす

だいずを 水に ひたす

ここに 入るよ!

?

できあがり!

1 なべで ぐつぐつ にる

2 すずしい ばしょに おく

3 40度で ほおんする

クイズ21の こたえ **1**と**2**と**3** (ぜんぶ!)

「びせいぶつ」という 小さな 生きものを つかって 食べものを おいしくする 「はっこう」。そのはっこうに つかわれる びせいぶつの しゅるいは さまざまです。たとえば、ヨーグルトには にゅうさんきんや ビフィズスきん、パンには こうぼ、チーズには にゅうさんきんや カビが つかわれています。

なっとうきんの はたらきで 正しいものは どれ?

1 ほねを 強くする

2 しりょくを よくする

3 おなかの
ちょうしを
よくする

こたえは
2つ!

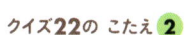

なっとうは
体に いいんだ!

クイズ22の こたえ 2

だいずは 「たんぱくしつ」という 体を つくるために
大切な えいようが たくさん ふくまれている まめです。
とうふも しょうゆも、その だいずから つくられる
かこう食ひんです。あんこは、あずきという べつの
しゅるいの まめから つくられています。

あずき

35

クイズ 25

「はっこう」と 「くさる」の ちがいは なんだろう?

① びせいぶつの 数が 多いか 少ないかの ちがい

② 人の 体にとって よい へんかか わるい へんかかの ちがい

③ 見た目が かわるか かわらないかの ちがい

クイズ23の こたえ **③**

なっとうきんは、わらなどに すんでいる 目には 見えない さいきんです。なっとうきんが だいずを 食べると だいずの せいしつが かわって なっとうになります。なっとうきんは 40度くらいで いちばん かっぱつに はたらきます。

からだ
クイズ

歯、血えき、あせ、
なみだ、おなら、すいみん
赤ちゃんなど **25**もん

あついときに あせが 出るのは なんのため?

1 体の中の いらないものを 出すため

2 体温を 上げるため

3 体温を 下げるため

うんどうしたとき、かぜを ひいたときにも あせが 出るね。

クイズ24の こたえ 1 と 3

なっとうきんは とても 強い きんで、体に
入ると おなかに いる わるい きんを
やっつけて、おなかの ちょうしを
よくしてくれます。また、なっとうには
ほねを 強くする せい分も ふくまれています。

こわいときに とりはだが 立つのは どうして?

ヒント
わたしたち 人間も
むかしは ぜんしんが
毛に おおわれていたよ。

1 毛を 立たせて、なかまに
きけんを 知らせていたことの なごり

2 毛を 立たせて、てきに 体を 大きく
見せていたことの なごり

3 ひふを かたくして、
身を まもっていたことの なごり

ニャー!!

クイズ25の こたえ **2**

「はっこう」も 「ふはい (くさっている)」も、
びせいぶつによる じょうたいの へんかです。
そのちがいは においや 見た目ではなく、
食べたときに 人の 体に よい へんかが あるか
わるい へんかが あるかの ちがいで きまります。

はっこうに つかわれる
びせいぶつの だいひょう

こうじ
カビ

こうぼ

にゅうさんきん

口から 入った 食べものは、いの中で どうなるの?

1 **ドロドロに とける**

2 **カチコチに かたまる**

3 **くだかれて 細かくなる**

おれたち これから
どうなるのかな……?

クイズ26の こたえ ③

あついときに あせが 出るのは、体温を
下げるためです。あせが じょうはつするときに、
体の ねつを いっしょに うばってくれるのです。
ただ、あせを かくと、体に ひつような えん分などの
ミネラルも いっしょに 出ていってしまいます。

うんどうで
あせを かいたら
えん分の 入った
のみものを のもう!

体の中で、うんちを つくる ばしょは どこ?

1. い
2. 小ちょう
3. 大ちょう

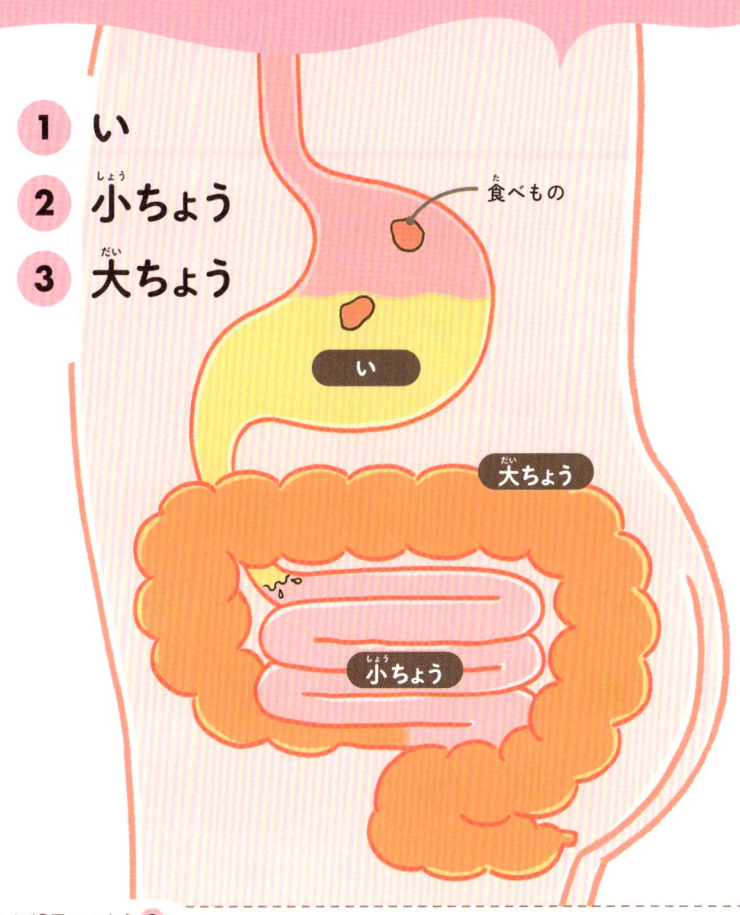

食べもの

い

大ちょう

小ちょう

クイズ27の こたえ 2

むかし ぜんしんが 毛で おおわれていたとき、毛を さか立てて てきに 体を 大きく 見せて いかくしていました。また、さむいときは、さか立てた 毛のあいだに 空気を ためて 体を あたためました。とりはだは、そのなごりです。

おならは、なにと なにが まざったものかな?

1 ちょうの中の ガスと 空気

2 食べものの かすと 水

3 うんちの かすと おしっこ

プウ〜

クイズ28の こたえ ①

かんで のみこんだ 食べものは のどを とおり、
いに はこばれます。いの中には、「いえき」という
えきたいが 出ていて、食べものは いえきと
まざることで ドロドロに とけます。これによって、
えいようが 体に とりこまれやすくなるのです。

くさい おならが
出やすくなる 食べものは?

1 ヨーグルト

2 肉

3 イモ

> イモを 食べると
> おならが
> 出やすくなるって
> いうけれど……?

クイズ29の こたえ 3

大ちょうには 目に 見えない 小さな さいきんが
たくさん いて、食べものの かすを さらに 小さく
ぶんかいしてくれます。うんちは その さいきんと
食べものの かす、水分、ちょうの かべから
はがれた さいぼうによって できています。

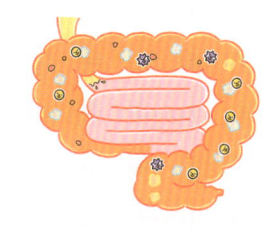

人間が まばたきを
するのは なんのためかな?

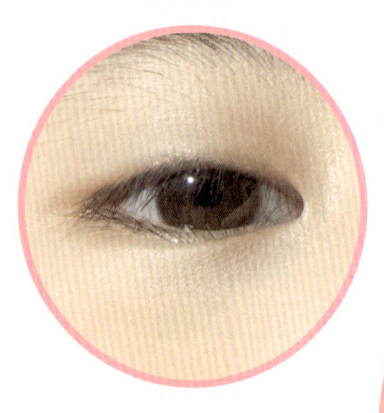

ぱち

ぱち

① あいてに すきだと
つたえるため

② 目の うんどうのため

③ 目が かわかないようにするため

クイズ30の こたえ ①

大ちょうで さいきんが 食べものの かすを ぶんかいする
ときに 出る ガスが、おならの もとです。そのガスに
ごはんと いっしょに のみこんだ 空気が まざって、
おしりから 出るのが おならです。しょくじを して おならが
出るのは さいきんが はたらいている しょうこです。

プッ

なみだには、目を うるおすほかに どんな やくわりが あるの?

こたえは 2つ!

1 目に 入った ごみを あらいながす

2 体の 水分りょうを ちょうせつする

3 ストレスぶっしつを 体の 外に 出す

かなしいときも なみだが 出るよね。

クイズ31の こたえ 2

大ちょうでは 「ぜんだまきん」と 「あくだまきん」という さいきんが、食べものを ぶんかいしています。 そのうち、あくだまきんが あぶらの 多い 肉などに ふくまれる たんぱくしつを ぶんかいするときに 出す ガスには、鼻に つく においが あります。

ぜんだまきん

あくだまきん

クイズ 34

なみだは、なにを ざいりょうにして つくられる?

1 血えき

2 空気中の 水分

3 さっき のんだ 水

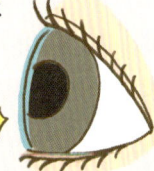

じつは 鼻水も なみだと 同じ ざいりょうで できているんだ。

クイズ32の こたえ **3**

ほこりや さいきんから 目を まもるため、目の ひょうめんは つねに なみだで うるおっています。なみだには さいきんを しょうどくする せい分も 入っています。まばたきを するのは、このなみだが かわかないようにするため。バリアを はりなおしているのです。

血が 赤い 色を しているのは
血かんの中に
なにが あるからかな?

クイズ
35

1 白血球

2 赤血球

3 血小板

血かんの中には
ぼくたちが いるよ!

クイズ33の こたえ **1** と **3**

なみだには 目を うるおすほかに 2つの やくわりが
あります。1つは すなや 花ふんなど 目に 入った
ごみを あらいながすこと。もう1つは、かなしい、
うれしいなど 気もちが 高ぶったときに
ストレスぶっしつを 体の外に 出すことです。

けがを したとき、血の中の 血小板は どんな やくわりを するの?

1 きず口から 入った バイキンを やっつける

2 きず口の さいぼうに えいようを とどける

3 血を かためて きず口を ふさぎ、かさぶたを つくる

ひふ

血かん

きず口のそばに
あつまって、
はたらいているよ。

血小板

赤血球

クイズ34の こたえ **1**

なみだは 上まぶたの 内がわに ある
「るいせん」という ばしょで 血えきを もとにして
つくられます。血えきから いくつかの せい分が
とりのぞかれ、とうめいになったものに あぶらや
ねばりが くわわり、なみだになります。

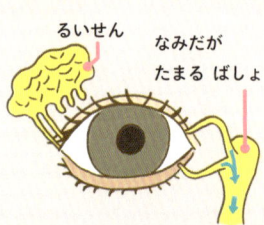

るいせん

なみだが
たまる ばしょ

血は、白血球、赤血球、血小板と あと なにで できているの?

1 いえき

2 なみだ

3 血しょう

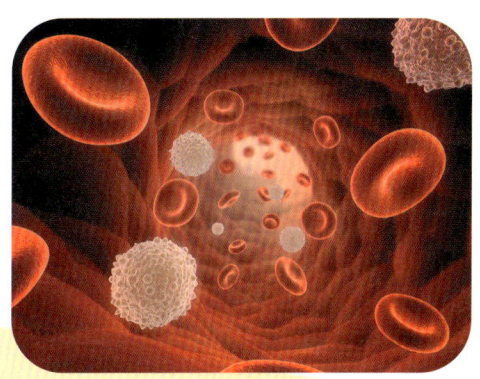

血かんの中は
こんなふうに
なっているよ!

（イメージ図）

白血球

クイズ35の こたえ **2**

血が 赤く 見えるのは、血に ふくまれる「赤血球」という せい分が、赤い しきそを もっているためです。赤血球には、エネルギーの もとになる さんそや えいようを 体の すみずみまで とどける やくわりが あります。

 さんそ　えいよう

ぜんしんの 血は ○○から おくられて、○○へ もどる。○○に 入るものは なに?

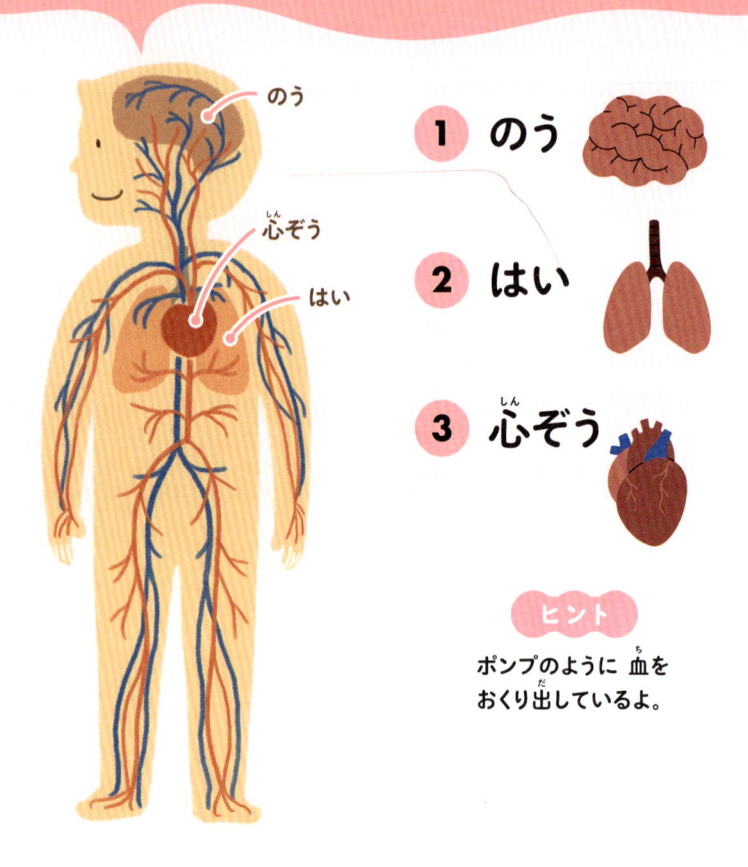

のう
心ぞう
はい

1 のう

2 はい

3 心ぞう

ヒント

ポンプのように 血を
おくり出しているよ。

クイズ36の こたえ ③

血小板が あつまって 血の かたまりを
つくったあと、フィブリンという あみのような
ものが きずを かためて「かさぶた」を
つくります。かさぶたが 血を 止めて、外から
バイキンが 入ることを ふせいでくれます。

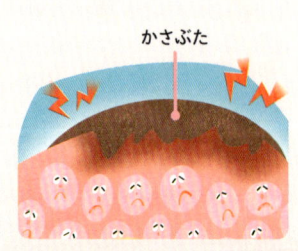

かさぶた

ひふの すぐ 下に あって 青く 見えている 血かんは、つぎのうち どれかな？

クイズ 39

1 じょうみゃく

2 どうみゃく

3 毛細血かん

自分の 手や おうちの 人の 手でも 見えるかな？

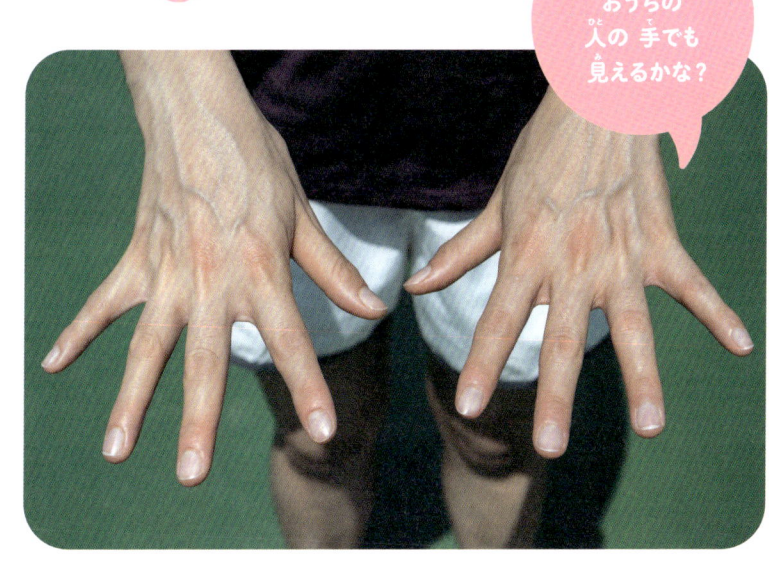

クイズ37の こたえ 3

血は、赤血球、白血球、血小板という 3しゅるいの 「血球」と、「血しょう」から できています。
血しょうは、血の えきたいの ぶぶんで、えいようを ぜんしんに はこぶ やくわりを しています。
なみだも あせも、血しょうが もとになっています。

人間 ひとりの 血かんを すべて つなげると、どのくらいの 長さになる?

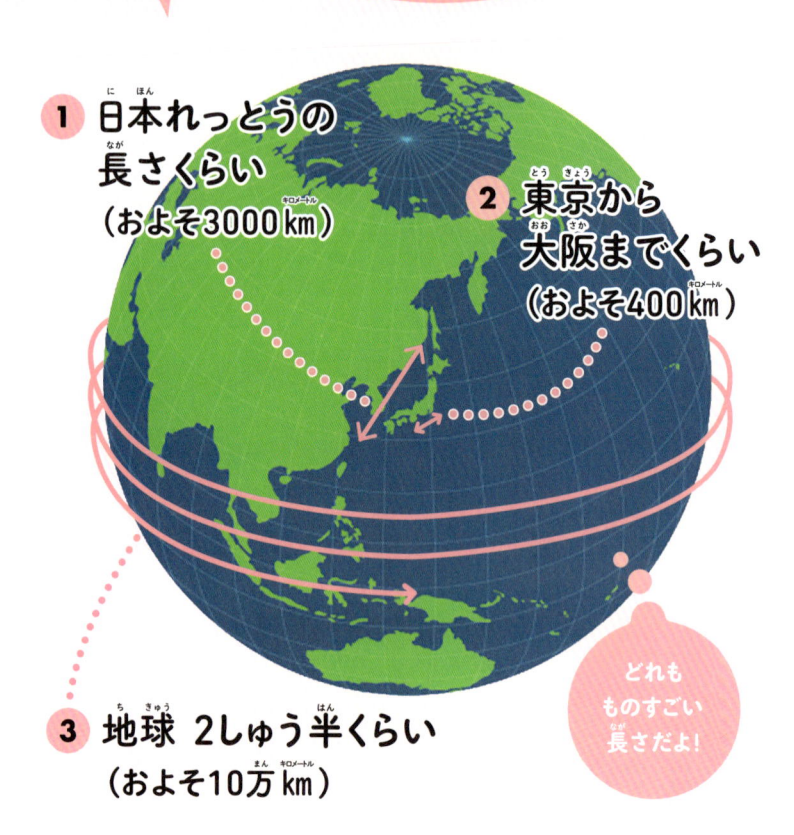

1 日本れっとうの 長さくらい（およそ3000km）

2 東京から 大阪までくらい（およそ400km）

3 地球 2しゅう半くらい（およそ10万km）

どれも ものすごい 長さだよ!

クイズ38の こたえ 3

心ぞうから おくり出された 血は、どうみゃくという 血かんを とおって さんそや えいようを とどけるため、体を めぐります。そして、体を めぐった 血は じょうみゃくを とおって また 心ぞうに もどります。

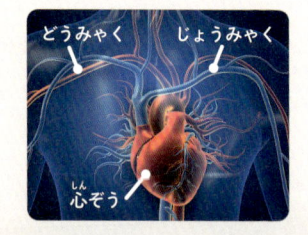

どうみゃく　じょうみゃく　心ぞう

つぎのうち なにを 食べると 虫歯に なりやすくなる？

1 あぶらっぽい もの

2 あまいもの

3 すっぱいもの

みんなも すきな ものかな？

クイズ39の こたえ 1

ひふの下に 青く 見えているのは じょうみゃくです。ところが じっさいの じょうみゃくは 青くありません。青く 見えるのは はだの 色の えいきょうで、ほんとうの じょうみゃくの 色は はい色です。

手首、ひじの 内がわ などで 見えやすい。

虫歯きんが、歯に ついた 食べかすから つくる ネバネバしたものを なんていう?

1 グルカン   **2** ミュータンス

3 エナメル

これの
ことだよ!

ネバ

ネバ

クイズ40の こたえ 3

血かんは 体中に はりめぐらされています。
人間 ひとり分の 体の 血かんを すべて
つなげると、その長さは およそ10万km。
だいたい 地球 2しゅう半と 同じ 長さと
いわれています。

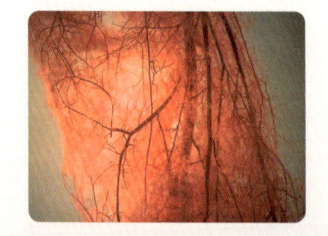

虫歯きんは なにを つかって 歯に あなを あけるの?

1 水　　　**2** つるはし　　　**3** さん

これで 歯を とかすぞ～!

クイズ41の こたえ 2

虫歯は、虫歯きんという さいきんによって 歯が とかされる びょう気です。虫歯きんは、さとうの おもな せい分である 「ショとう」が 大すきなので、あまいものを 長い 時間 かけて 食べたり、食べたあとに きちんと 歯を みがかずに いたりすると、虫歯に なりやすいといわれています。

人間に どうぶつのような 毛が ないのは、毛が あると どうなってしまうから?

1 ふくが きづらくなるから

2 体温が 上がりすぎて しまうから

ほかの どうぶつは みんな ふくを きていないね。 なぜだろう?

クイズ42の こたえ ①

虫歯きんが ショとうから つくる ネバネバした ぶっしつを 「グルカン」といいます。虫歯きんは グルカンを つくって 歯に くっつきます。グルカンが あつまると、「プラーク」という 虫歯きんの すみかになり、プラークの中では ひとばんで 1ぴきの 虫歯きんが 数千びきにも ふえてしまいます。

つぎのうち、ねているあいだに のうが していることは どれかな?

1 のうに たまった びょう気の もとを とりのぞく

サッサッ

2 せいちょうホルモンを 出して、 きんにくや ほねを つくる

3 昼に おぼえたことを しっかり きおくする

こたえは 1つじゃ ないよ!

ジョロロロロ

フムフム

ヒント

イラストの こびとたちは なにを しているのかな?

クイズ43の こたえ 3

虫歯きんは、ショとうを 食べて「さん」を つくり、 そのさんを つかって 歯を とかして あなを あけます。虫歯きんによって いちど あけられた あなは しぜんには ふさがらないため、毎日の 歯みがきが だいじなのです。

よい すいみんを とるために だいじなことは なにかな?

1 ねる直前に はげしく うんどうする

2 朝 おきたら 日の 光を あびる

3 小さい 電気を つけて ねる

> ねつきが よく
> ぐっすり ねむれて、
> おきたときに 頭が
> すっきりしているのが、
> よい すいみんだよ。

クイズ44の こたえ 2

人間の そせんは、森を 出て 草原で くらすようになり、2足歩行で 長い きょりを 歩くようになりました。けれど、日光を あびて 長時間 歩くと 体温が 上がりすぎてしまいます。そのため 毛が うすくなり、あせを かいて ねつを にがし、体温を 下げられるようになりました。

あさい ねむりと ふかい ねむりのうち、あさい ねむりを なんという？

あさい ねむりのときは
のうが はたらいていて、
目も まぶたの下で
キョロキョロ
うごいているんだ。

1 レムすいみん

2 ノンレムすいみん

ねむっているあいだは
この2つの すいみんを
こうごに くりかえしているよ。

すや
すや

クイズ45の こたえ　1 と 2 と 3（ぜんぶ！）

わたしたちが ねているあいだ、のうも いっしょに
ねているわけではありません。のうに たまった
びょう気の もと（いらない たんぱくしつなど）を
とりのぞいたり、きんにくや ほねを つくったり、
昼間に おぼえた じょうほうを せいりしたりしています。

しきゅうに やってきて すぐの 人間の たまごは、 どの大きさに いちばん 近い?

1 たらこ ひとつぶより 小さいくらい

およそ 1mm

2 ごま ひとつぶより 小さいくらい

およそ 2mm

3 ブルーベリー ひとつぶより 小さいくらい

およそ 15mm

クイズ46の こたえ 2

朝 おきて すぐに 日の 光を あびると、体の リズムが ととのいます。すると、夜 ねる 時間に なったときに 「メラトニン」という ねむたくなる ぶっしつが しっかり 出て、 よい すいみんが とれるのです。メラトニンは くらくないと 出ないので、ねるときに へやを くらくすることも だいじです。

おなかの中の 赤ちゃんに
えいようや さんそを はこぶ、
ひものようなものを なんていう?

クイズ
49

これの
ことだよ!

1 首の お

2 へその お

3 せなかの お

クイズ**47**の こたえ **1**

あさい ねむりの「レムすいみん」は 体の
つかれを とり、ふかい ねむりの「ノンレム
すいみん」は のうの つかれを とります。
2つの すいみんを くりかえすことで 体と
のうの ちょうしを ととのえています。

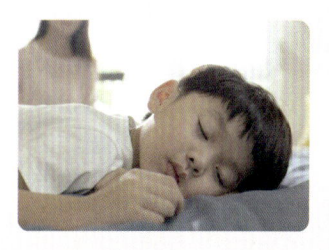

クイズ 50

にしん10か月の赤ちゃんの おもさは どれくらい?

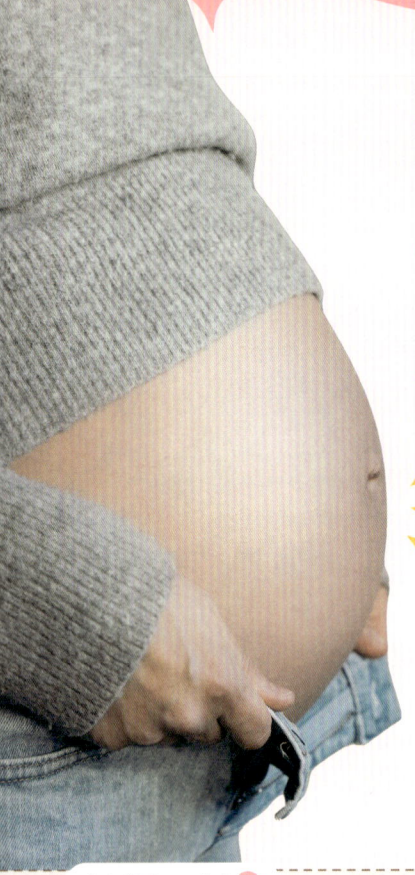

1 カボチャ 1こ分くらい

およそ 1.1kg

2 マスクメロン 1こ分くらい

およそ 1.6kg

3 スイカ 1こ分くらい

およそ 3kg

にんしん 10か月は、 いつ 生まれても おかしくない じきだよ!

クイズ48の こたえ 1

お母さんの おなかに やってきたばかりの 人間は、 さいしょは 1mmほどの とても 小さな たまご(らん)です。 たまごから、1〜2か月目には 魚や カエルのような すがたになり、時間が たつにつれて、だんだんと 人間らしい すがたに かわっていきます。

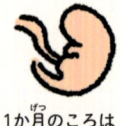
1か月のころは まだ15mm。

どうぶつ
クイズ ①

ネコ、ウサギ、キリン、
モグラ、ラッコ、クジラ、
ペンギンなど **35**もん

キリンの 首が 長いのは なんのため?

数km先まで 見えるくらい 目が いいよ。

せたけの 半分は 首!

こたえは 2つ!

1 木の上の はを 食べるため

2 遠くの てきを 見つけるため

3 子どもを 木の上に のせて てきから まもるため

クイズ49の こたえ 2

たいじは、あたたかい 「よう水」で みたされた しきゅうの中で そだちます。生きるための えいようや さんそは、しきゅうの中の 「たいばん」から、たいばんと たいじを つなぐ 「へその お」を とおして もらっています。

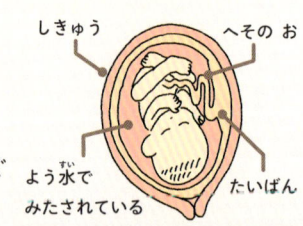

しきゅう
へその お
よう水で みたされている
たいばん

ウサギの 長い 耳は、どんなことに やくだつの?

1 小さな 音を 聞きとる

2 さむいときに 首に まく

3 あついときに ねつを にがす

こたえは 2つ!

くる

くる

左右の 耳を べつべつに 270度 かいてん させられるよ。

クイズ50の こたえ 3

おなかの中の たいじは 10か月のあいだに どんどん おもくなっていきます。おもさは 人によって 少しずつ ちがいますが、生まれる 直前の 赤ちゃんは およそ3kg。中玉スイカ 1こ分くらいの おもさです。

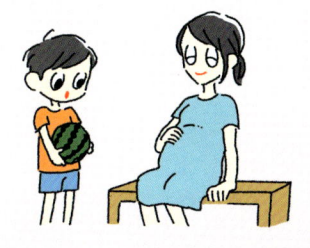

クイズ 53

せかいいち
はやく 走れる チーター。
どれくらい はやい?

1 自てん車くらい

2 自どう車くらい

3 新かん線くらい

ヒント

チーターの さいこう時そく※は
110km(キロメートル)だよ。

※時そくとは、1時間で いどうできる
きょりで あらわした はやさのこと。

クイズ51の こたえ **1**と**2**

高い 木の はっぱを 食べられるように、また
遠くに いる ライオンなどの てきに すぐ
気づけるように、首が 長く しんかしたと
いわれます。キリンは 1日のうち
およそ18時間が しょくじの 時間です。

首の ほねの
数は 人間と
同じ 7つ。

肉食どうぶつと、しょくぶつ食どうぶつ、長い 時間 走れるのは どっち?

クイズ
54

肉食どうぶつ
チーター

肉食どうぶつには、
チーターのように
1ぴきで かりを するものと、
ハイエナのように むれで
かりを するものが いるよ。

1 肉食どうぶつ

2 しょくぶつ食どうぶつ

プロングホーンは
しょくぶつ食どうぶつの
中で いちばん
あしが はやいと
いわれているよ。

しょくぶつ食どうぶつ
プロングホーン

クイズ52の こたえ **1** と **3**

大きな 耳は、小さな 音を あつめる アンテナの
やくわりを します。3km先の 音も 聞きとります。
いろいろな どうぶつから 身を まもるために
しんかしました。耳で ねつを にがすので、
長く 走って にげても 体に ねつが こもりません。

ゾウ、パンダ、イヌ。
いちばん 鼻が よい
どうぶつは?

1 ゾウ

2 パンダ

3 イヌ

クイズ53の こたえ **2**

自てん車 (ロードバイク) は 時そく20〜40km。自どう車 (じょうよう車) は 時そく80〜120km (日本の 高そく道ろを 走ったばあい)。新かん線は 時そく200〜300kmです。チーターは、高そく道ろを 走る 自どう車くらい はやいのです。でも そのはやさは 1分間しか つづきません。

カバは しっぽで なわばりを 知らせる。 どうやって?

クイズ **56**

1 パタパタ うごかして 音を 鳴らす

2 ブルブル ふって ふんを とばす

3 近づいてきた あいての 顔を たたく

クイズ54の こたえ ②

肉食どうぶつは、短時間で しょうぶが つく 短きょり走のような 走りかた。 しょくぶつ食どうぶつは、てきから にげきれるように 長時間 スピードを たもつ マラソンのような 走りかたです。

ネコが 毛づくろいするのは、おもに なんのため?

ザラザラの したで なめるよ。

1 体の においを けすため

2 うつくしく 見せるため

3 毛を 食べて えいようにするため

クイズ55の こたえ 1

ゾウは 体が 大きいので、かがまなくても のんだり 食べたり できるように 鼻が 長く しんかしました。イヌの およそ2.5ばいも 鼻が よく、5km先の においも かぎ分けられます。

ネコが つめとぎを
するのは、どうしてかな?

1 つめが のびすぎないように
けずるため

2 いつでも するどい つめで
かりが できるようにするため

ガリ

ガリ

クイズ56の こたえ **2**

カバは、しっぽで ふんを とばして なわばりを 知らせます。
どうぶつの しっぽは、魚が およぐのに つかう
「おびれ」から へんかしたものです。りくに すむ
どうぶつは およぎませんが、それぞれ およぎとは
ちがう しっぽの つかい道を 見つけていきました。

とうみんせず 冬を のりきるために、多くの ほにゅうるいが していることは?

1 火を おこす

2 体毛を さむさに 強い 冬毛に かえる

3 はげしい うんどうを する

さむい 冬のあいだ 土の中などに もぐり、じっとして すごすのが 「とうみん」だよ。

クイズ57の こたえ 1

ネコは、野生では かりを して 生活していました。そのときに、においで 天てきや えものに 見つかることを ふせぐため、毛づくろいを して においを けしていました。体温ちょうせつや リラックスのために 毛づくろいすることも あります。

クマの メスが とうみん中に やることは どれ？

1 体を きたえる

2 食べものを 食べつづける

3 子どもを うむ

クイズ58の こたえ **2**

ネコは、足音を 立てないように いつもは つめを
かくしていますが、えものが 近づくと するどい
つめを 出し、いっしゅんで つかまえます。
だいじな ぶきである つめを いつも するどく
とがらせておくために、つめとぎを するのです。

目が よく 見えない モグラ。
かわりに どこが
はったつしているかな?

1 耳 **2** 口 **3** 鼻

土が
入らないように、
目は うすい まくで
おおわれているよ。

クイズ59の こたえ ②

とうみん中は えいようが たりず いのちを おとす
きけんも あります。そのため、ほにゅうるいの
多くは さむさに 強い 冬毛に 生えかわったり、
冬でも とれる 食べものを 食べたりして、
とうみんせずに 冬を のりきります。

モグラが 地上に あまり すがたを 見せないのは どうして?

1. 太陽の 光が にがてだから
2. 地上の てきに おそわれるから

地下に いろんな へやを つくって くらして いるんだ。

クイズ60の こたえ ③

秋に たくさん 食べて 太り、ふだんより 少しだけ 体温を 下げた じょうたいで ねむって 冬を こす クマ。きほんてきに、とうみん中は なにも 食べず ふんや おしっこも しませんが、メスの クマは 子どもを うんで おちちを あげます。

クイズ 63

前歯も おく歯も ぜんぶ とがっている、この歯を もつ 生きものは?

なんでも かみ切れそうだね!

1 ライオン　2 キリン　3 サイ

クイズ61の こたえ 3

モグラは 鼻が よく はったつしていて、左右の ほうこうから 来る においの 強さの ちがいまで わかります。また、鼻先には 小さな センサーが たくさん あり、地めんや 空気の わずかな ゆれも かんじることが できます。

シマウマの 前歯は、なにに にている?

クイズ
64

しょくぶつを 食べるとき、前歯で はっぱを かみちぎるよ。

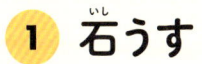

1 石うす

2 つめ切り

3 ナイフ

クイズ62の こたえ **2**

むかし、モグラは 地上に いましたが、ライバルの 少ない ばしょを もとめて 地中で くらすようになりました。目が よくないので 地上では ネコや 鳥などに おそわれやすく、地上に 出ることは ほとんど ありません。

土を ほるための 大きな 前あし。地上を 歩くのには むかないよ。

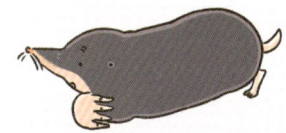

77

クイズ 65

ウサギや リスの 前歯には、どんな とくちょうが あるかな?

1 すぐ おれる

2 のびつづける

3 なんども 生えかわる

クイズ63の こたえ 1

どうぶつの 歯は、食べているものによって、形が ちがいます。ライオンのように おもに 肉を 食べる 肉食どうぶつは、えものを とらえるため、犬歯 (キバ) が するどく はったつしています。おく歯も ギザギザで、肉を かみ切りやすくなっています。

空を とぶ 鳥の ほねの とくちょうって?

1 ほねの 数が 多い

2 ほねの中が スカスカ

3 ほねが 太い

人間や ほかの どうぶつと くらべて、とても かるいよ!

クイズ**64**の こたえ **2**

草や はっぱを 食べる シマウマの 前歯は、つめ切りのように 草を はさんで 切りやすくなっています。 おく歯は 石うすのように たいらで 草を すりつぶしやすくなっています。

シマウマの 頭の ほね

つめ切りの ような 前歯

石うすの ような おく歯

空を とぶ 鳥が 体を かるくするために していることって なんだろう?

1 食べる りょうを 少なくする

2 食べたあとに うんどうする

3 食べたものを すぐに ふんとして 出す

クイズ65の こたえ **2**

ウサギや リスの 前歯には のびつづけるという とくちょうが あります。せんいの 多い 草や かたい 木のみなどを かじったり 食べたりして 歯が すりへるので、のびすぎる しんぱいは ありません。 ハムスターにも、同じ 歯の とくちょうが あります。

鳥が つばさを はやく うごかして 空中の 同じ ばしょに いつづける とびかたを なんという?

クイズ **68**

ピタッ!

とびながら 止まれるから 花の ミツだって すえちゃうんだ!

1 ソアリング

2 ホバリング

3 グライディング

クイズ66の こたえ 2

人間などの ほにゅうるいの ほねは 中が つまっていますが、鳥の ほねの中は スポンジみたいに スカスカしています。 そのため 体が とても かるく、空を とぶのに つごうが よいのです。

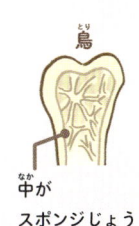

鳥
中が スポンジじょう

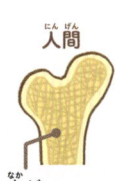

人間
中が つまっている

1 食べものを おいた ばしょを
100かしょいじょう おぼえておく

2 かたい 食べものを 水に ひたして
やわらかくする

こたえは
1つじゃ
ないよ!

3 車に クルミを ひかせて、
われた クルミの 中身を 食べる

クイズ67の こたえ ③

空を とぶときに 体が おもくないよう、
鳥は 食べたものを すぐに しょうかして
ふんとして 外に 出しています。
にょう (おしっこ) も、ふんと いっしょに
すぐに 外へ 出します。

クイズ **70**

日本で よく 見る カラスは 2しゅるい。ハシブトガラスと、 もう1つは なにかな?

1 ハイイロガラス

2 ハシボソガラス

3 ウオガラス

クイズ68の こたえ 2

つばさを どくとくの うごきで 高そくで はばたかせ、空中の 同じ ばしょに いつづける とびかたを「ホバリング」と いいます。ずっと はばたいていないと いけないため、 とても エネルギーを つかう とびかたです。そのため カワセミや ハチドリなど かぎられた 鳥しか できません。

すだちして 親と はなれたあとの カラスは、だれと くらす?

1 年が 近い カラスと しゅうだんで くらす

2 なかの いい カラスと 2〜3わで くらす

3 1わで くらす

クイズ69の こたえ **1** と **2** と **3** (ぜんぶ!)

かんきょうや しゅるいによって ちがいは ありますが、カラスは 鳥の中でも とても 頭が よいといわれています。食べものの ばしょだけではなく、てきと 見なした 人間を なん年も おぼえていることも あります。

ツバメは 南の 国から 日本に やってくるよ。 いどうの きょりは どのくらい?

中国

日本

台湾

フィリピン

赤道

インドネシア

1 400 km くらい

2 1500 km くらい

3 3000 km くらい

クイズ70の こたえ 2

せかいには カラスの なかまが 46しゅるい
いますが、日本で よく 見かけるのは
ハシブトガラスと ハシボソガラスです。
見た目は にていますが、よく 見ると
くちばしや 頭の 形に ちがいが あります。

ハシブトガラス
クチバシが 太く、
おでこが
もりあがっている。

ハシボソガラス
クチバシが
まっすぐで 細い。

85

ツバメが
人の 家の 出入り口に
すを つくるのは どうして?

1 てきに おそわれにくいから

2 ふんを そうじしてもらえるから

3 人から えさを もらえるから

すは どろや
かれた 草で
できているよ。

クイズ71の こたえ

せいちょうすると、カラスは 親元を はなれて
年が 近い カラスと いっしょに しゅうだんで
くらします。みんなで 食べものを さがしたり、
水あびを したり、あそんだりして、
ねむるときも いっしょに ねむります。

ツバメが 毎年
3月から 5月ごろに 日本に
わたってくるのは なぜかな?

1 南の 国が
あつすぎるから

2 日本の 春の 花が
すきだから

3 日本は 食べものを
とりあう ライバルが
少なく 子そだてが
しやすいから

ヒント

10月ごろに なると また
南の 国へ わたっていくよ。

クイズ72の こたえ **3**

ツバメは 日本と 南の 国を いったり 来たりして
生活する 「わたり鳥」です。毎年 春に なると、
赤道近くの あたたかい ちいきから 日本まで、
とちゅうの しまで 休みを とりつつ
およそ3000kmも いどうして やってきます。

フクロウの 顔が おさらのように たいらなのは なんのため?

ほかの 鳥と ちがって、りょうほうの 目が 前を むいて いるんだ。

1 音を あつめるため

2 ねつを にがしやすくするため

3 顔に ぶつかってきた 虫を 食べるため

クイズ73の こたえ 1

ツバメは、天てきである カラスや ヘビなどから 身を まもるため、人の 出入りが あって てきが 入ってきにくい 家の のき先や えきなどに すを つくり、子そだてを します。

フクロウの 目が 大きいのは、なんのため?

1 くらやみでも よく 見えるように

2 てきを こわがらせるため

3 目が 大きいほうが モテるため

ぱっちり!

クイズ**74**の こたえ **3**

ツバメが 日本に 来るのは 子そだての ためです。日本は 夏のあいだ、食べもので ある 虫が ふえることと、南の 国に くらべて 虫を 食べる ライバルの 鳥が 少ないことから、子そだてに てきしています。

77

フクロウが 音を 立てずに とべるのは、はねの ふちが どんな 形だから?

しずかだから えものに 気づかれ にくいんだ!

1 なみなみ **2** まっすぐ **3** ギザギザ

クイズ75の こたえ **1**

フクロウの 顔は おさらのような 形で かたい はねが びっしり 生えています。 これが パラボラアンテナのような やくわりを していて、小さな 音でも あつめることが できるのです。

電波を あつめるのに つかう アンテナだよ。

パラボラアンテナ

くらい ばしょで、フクロウの 目は どれくらい 見えるの?

クイズ **78**

1. 人と 同じくらい
2. 人の 5ばいくらい
3. 人の 100ばいくらい

フクロウは
鳥の中では めずらしく
夜に かつどうする
夜行せいの
生きものだよ。

クイズ76の こたえ 1

フクロウは とても 目の よい 鳥です。正めんに
目が あって ものが 立体てきに 見えるので、
えものまでの きょりが せいかくに わかります。
また そうがんきょうのように つつじょうの 目を
しているため、ものが 大きく 見えます。

ペンギンは、つばさを なんのために つかうの?

1 空(そら)を とぶため

2 水(みず)の中(なか)を およぐため

3 ものを もったり はこんだりするため

クイズ77の こたえ 3

フクロウの 多(おお)くは、つばさの 外(そと)がわの はねの
ふちに 「セレーション」という ギザギザが あります。
これによって 音(おと)を 立(た)てずに とぶことが できます。
セレーションの しくみは 新(しん)かん線(せん)の そう音(おん)を
へらすためにも つかわれたことが あります。

セレーション

ラッコは つぎのうち、なんの なかまかな?

1 イタチ

2 アシカ

カモノハシは みずうみや 川に せいそくしている ほにゅうるいだよ。

3 カモノハシ

クイズ78の こたえ **3**

フクロウは、昼間に かつどうする ワシや タカと えものを とり合わなくて すむよう、夜行せいになったと 考えられています。そのため、夜でも 人間の およそ100ばいも よく 見える 目を しています。

クイズ 81

ラッコが 毛のあいだに 空気を ふくんでいるのは なんのため?

おなかの上に 赤ちゃんを
のせて およぐよ!

1 体を 大きく 見せるため

2 さむさを ふせぐため

こたえは
2つ!

3 水に うかびやすくするため

クイズ79の こたえ ②

ペンギンは つばさで 水を かいて
およぐために ひつような 体の つくりに
しんかし、とばなくなった 鳥です。
なかには、空を とぶ 鳥と 同じくらい
はやく およぐ ペンギンもいます。

水中を とぶように およぐ
ジェンツーペンギン

ラッコが ねるときに 体に コンブを まくのは どうして?

1. 体が ひえないように
2. おなかが すいたとき 食べるため
3. ねているあいだに ながされないように

クイズ80の こたえ 1

ラッコは イタチの なかまです。イタチと 同じように ラッコの そせんも もとは りくで くらしていましたが、食べものが たくさん ある 海で くらすようになったと 考えられています。イタチの なかまで 一生を 海で すごすのは ラッコだけです。

イルカと クジラの ちがいは なんの ちがい?

人間

バンドウイルカ

シャチ

1 体の 大きさ

2 ひれの 形

3 あごの 形

イルカより ひとまわり 大きい シャチは クジラの なかま。

クイズ81の こたえ **2** と **3**

体が ひえるのを ふせぐために 水を はじく 毛が およそ8おく本も 生えている ラッコは、毛づくろいを 毎日 5時間も 行います。毛に 空気を ためこんで 水に うかびやすくしたり、体が ひえるのを ふせいだりしています。

ゴシ
ゴシ

シロナガスクジラの大きさは、アフリカゾウ なん頭分？

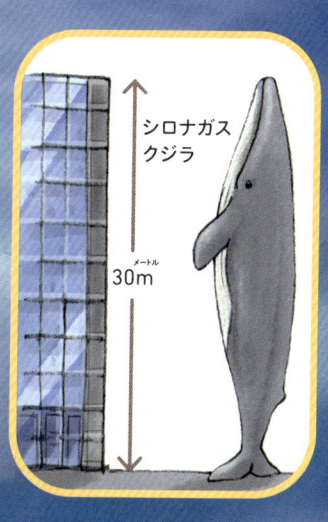

10かいだての ビルと 同じくらいの 大きさだよ！

シロナガス クジラ

30m

1 3頭分

2 5頭分

3 10頭分

クイズ82の こたえ **3**

ラッコは おきに ながされないように、コンブを 体に まきつけて ねます。コンブが ないところでは なかまどうし 手を つないで ねることも あります。ねるときに 手足を 水めんから 出すのは、ひえぼうしのためです。

クジラの 鼻の あなは、体の どこに あるの?

1 頭の てっぺん

2 目と 目のあいだ

3 おなか

鼻の あなから
空気を はき出すよ!

クイズ83の こたえ 1

クジラと イルカは 同じ グループの 生きもので
体の つくりに 大きな ちがいは ありません。
きちんとした きまりは ありませんが、
だいたい4mよりも 大きければ クジラ、
小さければ イルカと 分るいされます。

イルカ

クジラ

どうぶつ

クイズ ②

タコ、イカ、魚、
深海せいぶつ、カエル、ヘビ、
カタツムリなど 33もん

クイズ 86

イカや タコが すみを はくのは どんなとき?

1 てきから にげるとき

2 えものを つかまえるとき

3 すきな あいてに アピールするとき

クイズ84の こたえ 2

地球上で いちばん 大きな どうぶつである
クジラ。なかでも いちばん 大きい
シロナガスクジラの 体長は およそ27〜30m。
りくで いちばん 大きな アフリカゾウは
およそ6〜7mなので、5ばいの 大きさです。

タコの あしは 8本。では、イカの あしは なん本?

クイズ 87

?

1 7本

2 10本

3 12本

クイズ85の こたえ **1**

クジラの 鼻の あなは 頭の てっぺんに
あります。まわりには「どう毛」と
よばれる かんかくの すぐれた 毛が あり、
水の ながれや 温度などを 知るのに
やくだてられています。

鼻の あな

クイズ 88 タコと イカの 口は、体の どこに あるの?

1 目と 目の 真ん中

2 うでの つけねの 真ん中

3 きゅうばんに まぎれている

> どちらも
> 同じ ばしょに
> あるよ!

クイズ86の こたえ 1

イカも タコも、てきから にげるときに すみを
はきます。イカの すみは ねばりけが あり、
はき出すと かたまりになって 身がわりに
なります。タコの すみは サラサラで
けむりのように 広がり、身を かくせます。

102

せかいさい大の イカ、
ダイオウイカは
どのくらいの 大きさ？

クイズ
89

1 6m （2かいだての いえくらい）

2 12m （4かいだての ビルくらい）

3 18m （6かいだての ビルくらい）

クイズ**87**の こたえ **2**

イカや タコの あしと よばれる
ぶぶんは、じつは うでの やくわりを
しています。イカの 10本の うでのうち、
とくに 長い 2本は「しょくわん」といい、
えものを とるときに つかいます。

しょくわん

クイズ 90

魚が 水めん近くで 口を パクパクさせるのは なぜ?

パク
パク

① 口の そうじを している

② あそんでいる

③ こきゅうを している

クイズ88の こたえ **②**

イカと タコの 口は 鳥の クチバシに にています。
どちらも、うでの つけねの 真ん中に あります。
スミを はくときは、口ではなく 目と 目の
真ん中にある 「ろうと」という くだから
ふき出します。

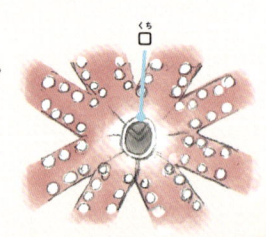

人間は「はい」で こきゅうを
する。では、魚は どこで
こきゅうを しているの?

1 エラ　2 ヒレ　3 うろこ

こきゅうを する
しくみが、
人とは ぜんぜん
ちがうんだ!

クイズ89の こたえ 3

ダイオウイカは さい大で 18mにもなるという
せかいで いちばん 大きな イカです。ただし
18mというのは 長い しょくわんを ひっぱって
はかった 長さで、しょくわんを のぞくと
6mほど。それでも ずいぶん 大きいですね。

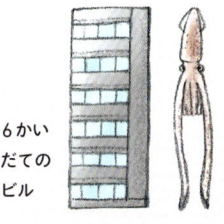

6かい
だての
ビル

105

ねているときも
食べているときも、ずっと
およぎつづけている この魚は?

大きなものは
体長 やく3m
体重 やく300kg
にもなるよ!

1 コイ　　**2** カサゴ　　**3** マグロ

クイズ90の こたえ **3**

魚は、水中の さんそが たりないと 水めん近くに
上がって 口を パクパクすることが あります。これは、
水めんの上の 空気を すっているのではありません。
さんそが いちばん 多く とけている、水めんの
すぐ 下の 水で こきゅうを しているのです。

パク
パク

すなぞこに かくれて えものを とる、体の 左がわに りょう目が ある この魚の 名前は?

クイズ **93**

1 カレイ

2 ヒラメ

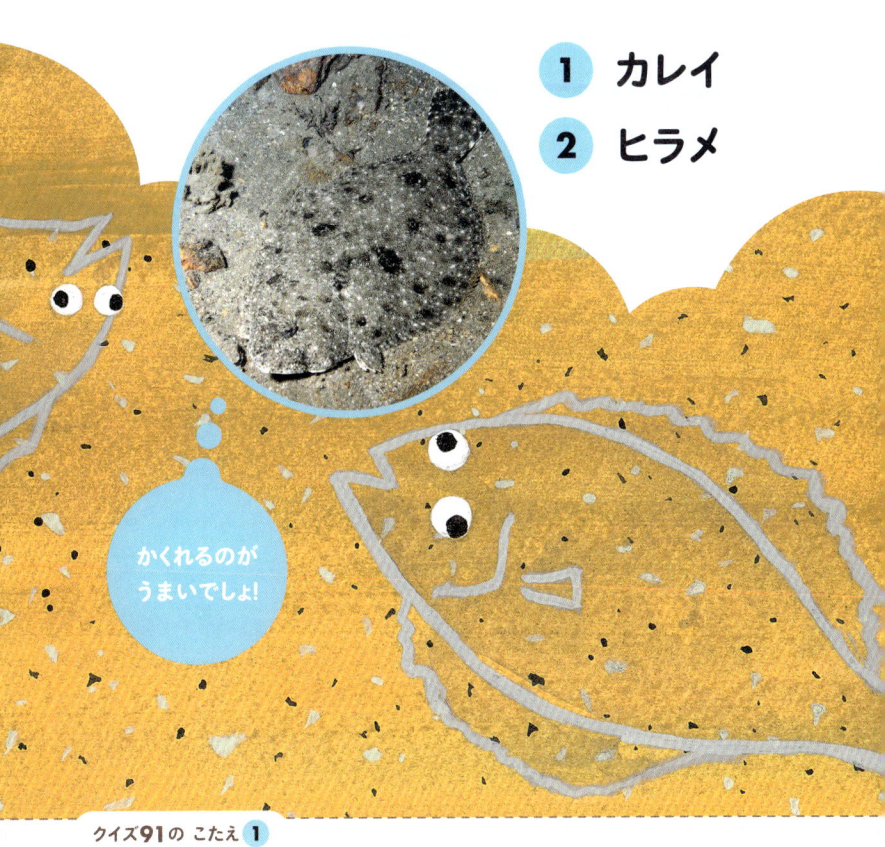

かくれるのが
うまいでしょ!

クイズ91の こたえ **1**

魚は「エラこきゅう」を します。口から 水を
のみこんで 水の中の さんそを エラに とりこみ、
「エラぶた」の うしろから 水を 出します。
水中は 空気中より さんそが 少ないのですが、
エラから さんそを たくさん とりこんでいるのです。

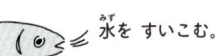
水を すいこむ。

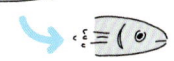
口を とじて
エラぶたから 水を 出し、
さんそを とり入れる。

クイズ 94

せなかと おなかの
さかいに 黄色い 線が ある
この魚を なんという?

おいしそ〜 するよ〜

身は
こんな色!

1 カツオ

2 ブリ

3 マグロ

クイズ92の こたえ **3**

マグロは ねているときも 食べているときも、一生
およぎつづける 魚です。エラぶたを ほとんど
うごかさず、およぎつづけることで エラに 水を
とおしています。なので、およぎを やめると
こきゅうが できず、やがて しんでしまいます。

クロマグロ

シラスが せいちょうして おとなに なると、なんの 魚_{さかな}になるかな?

1 イワシ

2 アジ

3 サンマ

スーパーなどで
売られている
シラスは、
ゆでてあるものが
多いよ。

クイズ93の こたえ 2

たいらな 体_{からだ}の 左_{ひだり}がわに りょう目_めが あるのが
とくちょうの ヒラメ。すなぞこに かくれて
小魚_{こざかな}などの えものを まちぶせします。ヒラメに
にた カレイは 体_{からだ}の 右_{みぎ}がわに 目_めが あるため、
「・ひだり ・ヒラメに ・みぎ カレイ」と おぼえます。

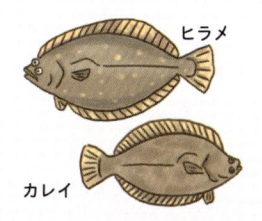

ヒラメ

カレイ

魚が いちどに たくさん たまごを うむのは なぜ?

1 たくさんの たまごで かたまり、大きな 生きもののように 見せるため

2 ほかの 生きものに 食べられても しそんを のこせるようにするため

> イワシは 数千〜数万この たまごを 春から 秋までのあいだに なん回も うむよ。

クイズ94の こたえ 2

黄色い 線が 目じるしの ブリは、せいちょうして 大きくなるごとに ワカシ、イナダ、ワラサ、ブリと よび名が かわります。こうした 魚を「しゅっせ魚」といいます。

地方によって よび名は ちがうよ。

ワカシ
イナダ
ワラサ
ブリ

つぎのうち、子そだてを する 魚は どれかな?

1 サケ

たまごの数は やく3000こ!

たまごの数は やく50こ!

2 タツノ オトシゴ

3 カツオ

たまごの数は やく130万こ!

クイズ95の こたえ 1

シラスは カタクチイワシという しゅるいの
イワシの 子どもです。小さくて とうめいな
子どもは シラス、少し 大きくなり
ぎん色になってきた 子どもは カエリ、
おとなの 魚になると イワシと よばれます。

シラス

イワシ

深海とは、どのくらい ふかい 海のことを いう?

1 水深50m

2 水深200m

3 水深500m

クイズ96の こたえ **2**

多くの 魚は たまごを うみっぱなしにするため、
たまごから かえっても、その多くが ほかの
魚や 鳥などに 食べられてしまいます。
そのため、できるだけ 多くの たまごを うんで
しそんを のこそうとするのです。

キンメダイなどの
深海魚の 目が 大きいのは、
なんのため?

クイズ
99

1 てきを にらんで こわがらせるため

2 なかまと 目で 合図を おくりあうため

3 くらい 深海で 光を あつめて
まわりを 見るため

ギョロッ

クイズ97の こたえ 2

魚の中には 子そだてを するものも います。
タツノオトシゴは メスが オスの おなかの
ふくろに たまごを うみ、赤ちゃんになるまでの
あいだ オスが そだてます。オスが 口の中で
たまごを そだてる 魚も います。

タツノオトシゴ

クイズ100

つぎのうち、深海の生きものではないのはどれかな?

1 ホタルイカ

2 サクラエビ

3 アサリ

ヒント

しおひがりに いって
とれるのは……?

クイズ98の こたえ **2**

深海とは 水深200mより ふかい 海のことで、
海の およそ95%を しめています。海の へいきんの
水深は 3729mで、ふじ山が 入ってしまう ふかさ。
せかいで いちばん ふかい 海は、西太平洋の
マリアナ海こうで 水深1万920mも あります。

マリアナ海こう

深海魚に 多いのは
なに色の 魚かな?

クイズ
101

1 青（あお）
2 赤（あか）
3 黄色（きいろ）

クイズ99の こたえ 3

深海には、太陽の 光は ほとんど とどかず、水深200mの 海のばあい、海めんの 0.1%ほどまで くらくなります。少しでも 太陽の 光を あつめやすくするため、目の 大きい 魚が 多くなりました。

キンメダイ
メヒカリ
デメニギス

カニの あしは、はさみを 入れると ぜんぶで なん本?

1 8本　**2** 10本　**3** 12本

たくさんの あしで よこに 歩くよ!

クイズ100の こたえ 3

ふだん 食べている 「魚かいるい」の 中には 深海の 生きものも います。サクラエビや ホタルイカなどは、水深200mより ふかい 海の 生きもの。しおひがりで とれる アサリは、水深 10mより あさい すなや どろの 中に います。

カニといえば、よこ歩き。
では、前に 歩く カニは
つぎのうち どれだろう?

103

ぼくたちは
沖縄の あさい
海で くらす
カニだよ。

1 ミナミコメツキガニ

2 サワガニ

3 イソガニ

クイズ101の こたえ **2**

赤い 光は 深海まで とどかないため、赤い 体は
深海で 身を かくすのに つごうが よく、キンメダイや
アカチョウチンクラゲなど、赤い 色の 生きものが
多く います。そのほか 黒や とうめいの 体を した
生きものも 深海に 多く くらしています。

アカチョウチンクラゲ

カラの ない たまごを うむ 生きものは、つぎのうち どれ?

1 トカゲ

2 鳥(とり)

3 カエル

クイズ102の こたえ 2

カニは はさみも 入れると、合わせて 10本の あしを もっています。歩くために つかう あしは 左右に 4本ずつです。その4本の あしが 体の よこから 出ていて、よこの ほうこうにしか まがらないように なっているため、よこむきのほうが 歩きやすいのです。

トノサマガエルの
たまごは どれだろう?

写真提供：吉川夏彦

クイズ 103の こたえ ①

カニの中には 前に 歩くのが とくいな カニも
います。ミナミコメツキガニや マメコブシガニは、
あしが 体の下のほうから 出ていて、前後に まがる
あしが あります。そのため、じょうずに 前に
歩くことが できます。

ミナミコメツキガニ

オタマジャクシは つぎのうち なんの なかま?

1 魚（さかな）

2 はちゅうるい

3 両生（りょうせい）るい

ぼくの
なかまは
いるかな?

クイズ104の こたえ 3

りくで くらす 生きものの たまごには
かんそうを ふせぐための カラが ありますが、
カエルには ありません。そのため カエルは
水べに たまごを うみ、オタマジャクシは 水べで
生まれたら、そのまま 水の中で くらします。

カエルは 体の どこで こきゅうを しているの?

1 エラ　2 はい　3 おしり

オタマジャクシの ときは
エラで こきゅうを しているよ。

クイズ105の こたえ **1**

カエルの たまごは しゅるいによって 見た目が
かなり ちがいます。**1** は トノサマガエル、**2** は
アズマヒキガエル、**3** は モリアオガエルのもの。
天てきに 食べられたり、かわいたりしないように
まわりは ゼリーじょうや あわじょうに なっています。

アズマ
ヒキガエル

モリ
アオガエル

はちゅうるいや 両生るい、こん虫が とうみんする いちばんの りゆうは?

1 冬は 食べものが 少なくなるから

2 さむいと 体温が 下がって かつどうできなくなるから

3 春に むけて 体を へんかさせるため

とうみん中は
しんだように
うごかないよ。

クイズ106の こたえ **3**

両生るいとは、子どものときは 水の中に いて、おとなになると りくに すみかを かえる 生きものです。カエルの 子ども、オタマジャクシは 水の中で くらしています。両生るいには ほかに イモリなどが います。

ウーパールーパー
(サンショウウオの なかま)

イモリ

ペットの カメを とうみんさせないために ひつようなことは なに?

カメも
土の中に
もぐって
とうみんするよ。

1 たくさん えさを やる

2 てきどに うんどうさせる

3 あたたかい ばしょに 水そうを おく

クイズ**107**の こたえ **2**

オタマジャクシのころは 魚のように
「エラこきゅう」を していますが、
カエルになると 「はいこきゅう」が
できるようになり、草や 木の上で
くらすようになります。

エラこきゅう　　　　はいこきゅう

オタマジャクシ　　　　カエル

トカゲは しっぽで てきから 身を まもるよ。 どうやって まもるのかな?

1 しっぽの先から どくを 出す

2 しっぽを てきの 体に まきつける

3 しっぽを 切りはなして にげる

クイズ108の こたえ 2

はちゅうるい、両生るい、こん虫は、
体温ちょうせつが できない「変温どうぶつ」と
よばれる 生きものです。気温が 下がると
体温も 下がってしまうため かつどうできず、
だから 冬は とうみんじょうたいで すごすのです。

イグアナの なかま、バジリスクは どこを 走れることで ゆうめい?

走(はし)

1 空中
くう ちゅう

2 水めん
すい

3 水の中
みず なか

およぐのも
とくいなんだ!

クイズ109の こたえ 3

とうみんは 体の ふたんに なります。ペットが
体(からだ)
とうみんを しないで すむには、あたたかい
かんきょうづくりが ひつようです。
温度が 15度より ひくく ならないように
温(おん) 度(ど) 度(ど)
ヒーターを つかうと よいでしょう。

125

手あしの ない ヘビは、どうやって 前に すすむんだろう?

地上だけじゃなく地中や 木の上、かべだって すすめるよ。

1 コロコロと よこに ころがって すすむ

2 おなかの ウロコを 地めんの でこぼこに 引っかけて すすむ

3 つるつるの おなかを すべらせて すすむ

クイズ 110の こたえ **3**

トカゲの しっぽの ほねは 切れやすい つくりになっていて、自分の 身に きけんが あると しっぽを 切りはなし、おとりにして にげます。いちど 生えかわった ぶぶんには、新しく やわらかい ほねが できます。

生えかわった ぶぶん

ヘビが チロチロと したを 出すのは なんのため?

チロ
チロ

1 小さな 虫を つかまえて 食べるため

2 てきを いかくするため

3 においを かぐため

先が 2つに 分かれた、長〜い したを もっているよ。

クイズ 111 の こたえ **2**

バジリスクは 水の上を 走ることが できます。 ヘビや 鳥などの 天てきから 身を まもるため、 きけんを かんじたら びょうそく1mの はやさで 水めんを 走ります。スピードが おちて しずむと、 およぎに 切りかえて すすみつづけます。

127

クイズ 114

カタツムリは
つぎのうち なんの なかま?

ヒント

「でんでん虫」って
いうけど じつは……?

1 貝
2 ミミズ
3 こん虫

クイズ 112の こたえ 2

あしが なくても じゆうに うごきまわれる ヘビ。
ほとんどの ヘビは おなかの いたのような うろこを、
地めんの でこぼこに つめのように 引っかけて
すすみます。少しでも でこぼこが あれば、木や
かべも のぼることが できます。

へびの おなか

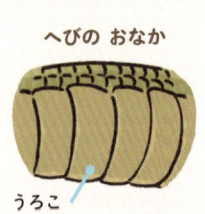

うろこ

この カタツムリは オスと メス、どっちかな?

クイズ **115**

1 オス **2** メス **3** どちらでもある

6月から 8月の ジメジメした きせつに 関東で よく 見られる ミスジマイマイという カタツムリだよ。

クイズ113の こたえ 3

ヘビが したを 出すのは、においを かぐため。
したで においの つぶを キャッチして、
口の中に ある 「ヤコブソンきかん」という
ぶぶんに そのじょうほうを おくり、
においを かんじています。

カタツムリの カラは、体から とれる? とれない?

1 とれる

2 とれない

クイズ114の こたえ 1

カタツムリは 「でんでん虫」とも よばれますが、こん虫の なかまでは ありません。りくで くらすように なった 貝の なかまです。そせんは 海に いた まき貝なので、うずまきじょうの カラを もっています。

カラの 形や 色は しゅるいによって ちがうよ。

130

きのこは つぎのうち なんの なかま?

1 やさいの なかま

2 クラゲの なかま

3 カビの なかま

きのこには
ねや くき、
はっぱは ないんだ。
その 正体は……?

クイズ 115の こたえ ③

じつは カタツムリは、オスと
メスに 分かれていません。
どのカタツムリも りょうほうの
体の とくちょうを もつため、
2ひき いれば たまごを うみます。

2ひきで
しいくして
かんさつしていると
春から 夏ごろに
たまごを うむ。

きのこに とって、しょくぶつの たねに 当たるものって なに?

きのこは 木や おちば、どうぶつの ふんを えいようにして そだつんだ。

1 きんし　**2** ほうし　**3** かさ

クイズ 116の こたえ 2

カタツムリは 生まれたときから カラを もっていて、体が 大きくなると カラも 大きくなります。カラの中には 心ぞうなどの 大切な 内ぞうが 入っているので、とることは できません。

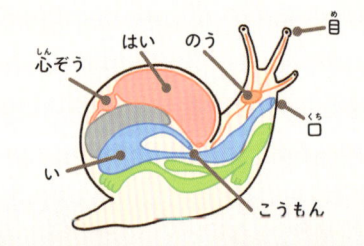

しょくぶつ
クイズ

はっぱ、ドングリ、タンポポ、
ヒマワリ、オナモミ、
食虫しょくぶつなど **19**もん

日本で いちばん 大きい ドングリの 名前は?

マテバシイ

アラカシ

クヌギ

1 イチイガシ

2 オキナワウラジロガシ

3 ツブラジイ

さて、わたしは だれでしょう?

スダジイ

クイズ117の こたえ ③

きのこは しょくぶつではないため、ねっこや くきが ありません。その正体は「きん」です。 きんは「どうぶつ」「しょくぶつ」のような グループの ひとつで、きのこのほかに、 カビや こうぼなどが ふくまれます。

チーズの カビや パンの こうぼも「きん」。

日本の ドングリって なんしゅるい あるの?

1 8しゅるい

2 12しゅるい

3 23しゅるい

クリも ドングリの なかまに ふくまれるよ。

クイズ118の こたえ **2**

きんは ふつう 目に 見えません。しかし、子実体という きかんが 目に 見えるほど 大きくなるものが あり、それを「きのこ」と よびます。子実体では「ほうし」という しょくぶつの たねのようなものが つくられます。

子実体が ほうしを とばし、ほうしから めが 出るよ。ほうしは しょくぶつの たねより ずっと 小さいんだ。

つぎのうち、ドングリを 食べない どうぶつは どれ?

1 イノシシ　**2** タヌキ　**3** ネコ

クイズ119の こたえ 2

日本で いちばん 大きな ドングリは
オキナワウラジロガシ、いちばん 小さな ドングリは
ツブラジイです。イチイガシは とても 高い 木に なる
ドングリです。マテバシイは 長いのが とくちょう、
クヌギは ふさふさの ぼうしが とくちょうです。

オキナワウラジロガシ

えだまめと だいず、土に まくと めが 出るのは どっちかな?

1 えだまめ

2 だいず

まめを まいたら
水を たっぷり
あげよう!

クイズ120の こたえ 3

ドングリは ブナ科の なかまです。ブナ科には、
ブナぞく、マテバシイぞく、シイぞく、コナラぞく、
クリぞくが あり、すべて 合わせると
23しゅるいに なります。いちばん 多い コナラの
なかまは、15しゅるい あります。

コナラ

はっぱは、しょくぶつにとってどんな やくめを しているの?

はっぱの 形は さまざまだけど
どれも 同じ やくめを もっているよ!

1 水や えいようを きゅうしゅうする

2 体中に 水や えいようを はこぶ

3 太陽の 光から えいようを つくり出す

クイズ121の こたえ 3

えいよう たっぷりの ドングリは、野生の
どうぶつにとって 大切な 食べものです。
イノシシや タヌキ、ツキノワグマや
ニホンリスは、ドングリが 大こうぶつ。ネコは
肉食どうぶつなので ドングリは 食べません。

秋に はっぱの 色が かわるのは なぜだろう?

1 空気が かんそうするから

2 お日さまが てる 時間が みじかくなるから

3 みを つくるために、はっぱの えいようを つかうから

クイズ122の こたえ **2**

まめは しょくぶつの たねに 当たります。えだまめと だいずは 同じ まめですが、えだまめのような みどり色の まめは おとなになっていないので、 まいても めは 出ません。だいずは せいじゅくした (おとなになった) まめなので、まくと めが 出ます。

せつぶんの ときに まく だいずは 火が とおって いるので、めは 出ない。

クイズ 125

イチョウの はっぱは 秋には なに色に 色づくかな?

1 赤　　**2** 青　　**3** 黄色

クイズ123の こたえ **3**

はっぱの みどり色の しきそ(ようりょくそ)が、光を あつめる やくわりを していて、太陽の 光などから しょくぶつの せいちょうに ひつような よう分を つくっています。そのため、多くの しょくぶつは、太陽が てる 時間が 長い きせつに せいちょうします。

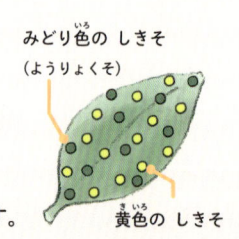

みどり色の しきそ
(ようりょくそ)

黄色の しきそ

風を つかって たねを 遠くに とばす しょくぶつは どれ?

クイズ **126**

1 ホウセンカ

2 ヤシ

3 タンポポ

ガマも 風を つかって たねを 遠くに とばすよ。

クイズ124の こたえ **2**

秋になり、太陽が てる 時間が みじかくなると、はっぱの やくめである よう分を つくる しごとが お休みになります。そして、はっぱを おとす じゅんびが はじまります。そのとき、はっぱの せい分が へんかして、色が かわるのです。

141

クイズ 127 オナモミの トゲは なんのために あるの?

1 どうぶつに くっついて、
たねを 遠くへ はこばせるため

2 どうぶつや 虫に たねを
食べられないようにするため

3 遠くに ころがって
いかないようにするため

いちど ついたら
なかなか
とれない!

クイズ125の こたえ 3

イチョウ、ポプラ、シラカンバなどは 黄色くなります。
モミジや ナナカマド、ドウダンツツジは 赤色になり、
ケヤキや ブナ、トチノキは 茶色に かわります。
同じ しゅるいでも 光の 当たりかたや
気温などで 色の へんかは まちまちです。

グライダーと 同じように とぶ しょくぶつの たねは どれ?

1 タンポポの たね

2 カエデの たね

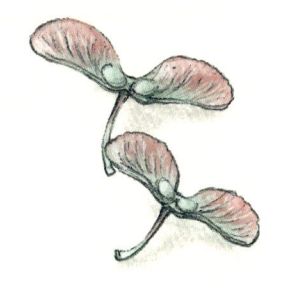

3 ハネフクベの たね

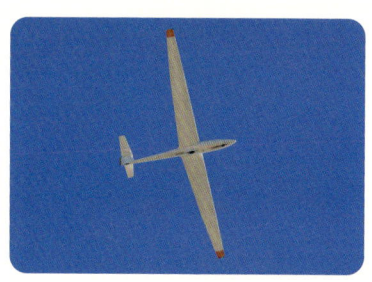

グライダー

クイズ**126**の こたえ **3**

しょくぶつは 自分で うごけないので、いろいろな ほうほうで たねを 遠くへ はこぶ くふうを しています。タンポポや ガマなどは、わた毛で 風に のります。たねを 遠くに はこぶのは、あちこちに なかまを ふやすためです。

143

クイズ 129

日本の タンポポと セイヨウタンポポ。たねを 遠くまで とばすのは どっち?

1 日本の タンポポ

2 セイヨウタンポポ

タンポポの わた毛は たねを 遠くまで とばすために あるんだ。

クイズ127の こたえ **1**

たねを 遠くへ はこぶため、どうぶつを りようする しょくぶつが います。 オナモミのように 体に くっつくものや、 くだもののように みを 食べてもらい、 ふんとして 外に 出るものなどが あります。

オナモミの たね

タンポポが、冬のあいだも はっぱを 広げているのは どうしてかな?

1 つめたい 風に 当たって 体を きたえるため

2 空気中の 水分を とりこむため

3 太陽の 光を あびて、 えいようを つくるため

> 冬になっても はっぱは かれないよ。

クイズ128の こたえ ③

たねの はこばれかたで もっとも 多いのは、風を つかう ほうほうです。グライダーと 同じように つばさで うくのは、「ハネフクベ (アルソミトラ)」の たねです。カエデの たねは ヘリコプターのように、 タンポポの たねは パラシュートのように うきます。

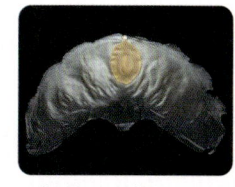

ハネフクベの たね

145

タンポポの ねっこは お茶になる。では ヒマワリの たねは なんの ざいりょうになる?

ヒント

りょうりを するときに つかわれるものだよ。

1 あぶら

2 ジュース

3 おさけ

クイズ129の こたえ 2

日本の タンポポの たねは 100つぶほどで おもく、遠くまで とびません。セイヨウ タンポポの たねは 200つぶほどで かるく、遠くまで とびます。見た目は にていますが、花の つけねで 見分けることが できます。

日本の
タンポポ

とじている

セイヨウ
タンポポ

そりかえっている

ヒマワリの めが 出てから
花が さくまでに かかる
時間は どのくらい?

クイズ
132

1 やく1週間

2 やく2か月

3 やく半年

太陽を あびて
ぐんぐん
そだつよ!

クイズ130の こたえ **3**

タンポポの ねは とても 長く、土の中に のびています。
冬のあいだ、タンポポは 地めんに 広げた はっぱで
太陽の 光を あびて えいようを つくり、ねっこに
たくわえます。それは 春に 花を さかせるための
じゅんびなのです。

147

クイズ 133

ヒマワリが 太陽のほうを むくのは、いつまで?

1 花が さく 少し 前まで

2 花が さきおわるまで

3 花が さきおわって たねが できるまで

ヒマワリは かん字で 「向日葵」と 書くよ。「太陽を おうように うごく」という いみなんだ。

クイズ131の こたえ 1

ヒマワリの たねは あぶらの 原りょうに なります。もともと ヒマワリは もっと 小さな しょくぶつでしたが、たねを たくさん つけるように ひんしゅかいりょうされて、大きな 花が さく しゅるいが 生まれました。

ヒマワリが、大きな 頭を ささえられるのは なぜ?

1 くきが 太いから

2 ねっこが 太いから

3 大きいけれど かるい 頭だから

ヒマワリの 花は 1000～2000の 小さな 花が あつまっていて、 真ん中に たくさんの たねが できるよ。

クイズ132の こたえ **2**

しゅるいにもよりますが、めが 出てから やく2か月ほどで 花が さきます。 大きなものだと 3mくらいの 高さまで せいちょうします。たねは 花が さきおわったあとに できます。

食虫しょくぶつが 虫から えいようを とるのは、なにが たりないとき?

1 太陽の 光

2 土の中の えいよう

3 土の中の 水分

虫を つかまえて 食べる しょくぶつを 食虫しょくぶつと いうよ。

クイズ133の こたえ **1**

ヒマワリは めを 出してから 花が さく 少し 前まで、朝、昼、夕方と、太陽を おいかけるように はっぱの むきを かえます。つぼみが 大きくなると 頭が おもくなって むきを かえられなくなるため、東か 西を むいたままになります。

おとしあなの やりかたで 虫を つかまえる 食虫しょくぶつは、つぎのうち どれだろう?

1 モウセンゴケ

2 ハエトリグサ

ヒント

それぞれの 形を よく 見てみよう。

3 ウツボカズラ

クイズ134の こたえ ①

ヒマワリは 地めんから たくさんの 水を
すって、水が 外に ふくらもうとする 力で
くきを 太くします。たねが できるころには、
くきが 木のように かたくなり、おもい 頭を
ささえられるようになります。

ハエトリグサが、虫に さわられて はっぱを とじる スピードは どのくらい？

1 5びょう　**2** 1びょう　**3** 0.5びょう

内がわに 小さな トゲが ついているよ。

クイズ135の こたえ 2

しょくぶつは、水、土の中の えいよう、空気中の にさんかたんそ、太陽の 光から エネルギーを つくり出しています。食虫しょくぶつは 土の えいようが 少ない 土地でも 生きのびるために、虫を 食べて えいようが とれるように しんかしました。

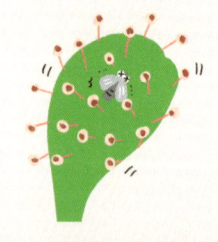

むし
クイズ

カブトムシ、クワガタムシ、
チョウ、ダンゴムシ、カマキリ、
トンボ、ハチなど **53**もん

クワガタムシの ここは なにかな?

1 つの　**2** あご　**3** かま

ここ

これを つかって
ライバルの オスと
たたかうよ。

クイズ136の こたえ ③

ウツボカズラに だいひょうされる 「おとしあな式」は、
あまい かおりで しょうかえきの 入った ふくろに 虫を
さそいます。いちど おちると 出られない しくみです。
ほかに、ハエトリグサのような 「わな式」、
モウセンゴケのような 「ねんちゃく式」などが あります。

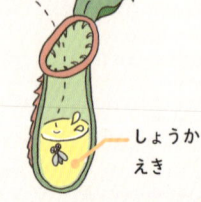

しょうか
えき

この中で 日本に もともと すんでいる クワガタムシは どれ?

139 クイズ

1 オオクワガタ

2 エラフスホソアカ クワガタ

> クワガタムシは、せかいに およそ 1500しゅるい いるんだって!

3 ギラファ ノコギリ クワガタ

クイズ137の こたえ **3**

ハエトリグサは トゲの ある 2まい貝のような はっぱで、虫を はさんで つかまえます。
はっぱの 内がわに ある トゲに、虫が つづけて 2回 さわると はっぱが とじる しくみです。
そのスピードは、わずか0.5びょうです。

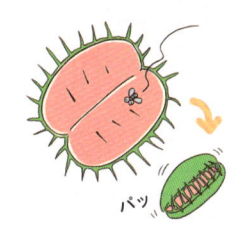

バッ

カブトムシは 長い つのを どんなときに つかうの?

1 食べものを さがすとき

2 食べものや メスを めぐって オスどうしで たたかうとき

3 高い 木に のぼるとき

かっこいい つのでしょ!

クイズ138の こたえ **2**

クワガタムシの 大きな はさみのような ぶぶんは「大あご」です。もとは 口の いちぶでしたが、大きく 形を かえて、ぶきとして つかうように なりました。大あごが 大きく はったつしているのは オスで、メスの 大あごは 小さめです。

力もちの カブトムシ。
自分の なんばいの
おもさのものを はこべるかな?

141
クイズ

ぼくの
おもさは だいたい
5〜8gくらいだよ。

1 2ばい　　**2** 10ばい　　**3** 20ばい

クイズ139の こたえ 1

日本には もともと およそ40しゅるいの
クワガタムシが いますが、とくに 人気なのが
オオクワガタ。オオクワガタは 日本と 東アジアの
いちぶの 森に すんでいます。じつは 野生では
数が へっていて、ぜつめつが 心ぱいされています。

オオクワガタ

142
クイズ

チョウや カブトムシなどの 虫が、よう虫と せい虫で すがたを 大きく かえるのは なんのため?

1 ずっと 同じ すがただと あきてしまうから

2 まわりの 虫たちを おどろかせるため

3 よう虫と せい虫のあいだで すみかや 食べものを とり合わないため

すがたを かえるときは さなぎに なるよ!

クイズ140の こたえ **2**

カブトムシの オスの 長い つのは、食べものや メスを めぐる オスどうしの 力くらべに つかわれます。つのの 長い オスは メスに モテますが、目立つぶん 鳥などの 天てきにも ねらわれやすくなってしまいます。

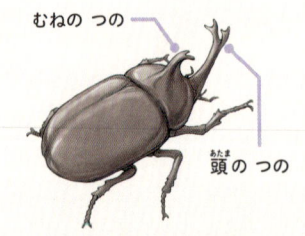

むねの つの

頭の つの

ダンゴムシは 口いがいに どこから 水を のむ?

143
クイズ

1 頭（あたま）

2 せなか

3 おしり

食べものは 口から 食べるよ。

クイズ141の こたえ 3

カブトムシは ライバルを つので すくい上げて
なげとばすことが できる、力もちの 虫です。
自分の 体重の 20ばいくらいのものまで
はこべるといわれています。つのに ひもで
むすんだ 50円玉を かけて 引かせてみましょう。

144 クイズ

ダンゴムシは つぎのうち どの 生きものの なかま?

1 アリ

2 エビ

3 カメムシ

クイズ142の こたえ 3

よう虫と せい虫で 大きく すがたが かわると、すみかや 食べものも かわります。たとえば チョウは よう虫のときは 木や 草の上で はっぱを 食べ、せい虫になると 原っぱを とびまわって 花の ミツを すいます。

よう虫

せい虫

あしの おそい ダンゴムシが できるだけ 早く てきから にげるために することは?

145
クイズ

うわっ
にげなくっちゃ!

おそっちゃう
ぜー!

1 丸まって ころがる

2 右、左、右と ジグザグに にげる

3 うしろむきに すすむ

クイズ143の こたえ **3**

ダンゴムシは 食べものを 口から 食べますが、水は 口からも おしりからも あしからも のむことが できます。おもな 食べものは おちばです。 カルシウムを とるために、雨で しめった コンクリートを ほんの少し かじることも あります。

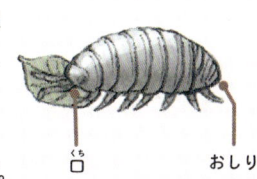

口
おしり

146 クイズ

カマキリが 体を 左右に ユラユラするのは どんなときかな?

1 てきを いかくするとき

2 えものに 近づくとき

3 体の 手入れを するとき

大きな カマは 前あしの いちぶ!

ユラ ユラ

クイズ144の こたえ 2

アリや カメムシは こん虫です。
ダンゴムシは 名前に「ムシ」が つきますが、
こん虫ではなく エビや カニの なかまです。
こん虫は あしが 6本ですが、ダンゴムシは
ぜんぶで 14本の あしが あります。

こん虫

ダンゴムシ

カマキリの オスと メス、体が 大きいのは どっち？

オスと メスで こんなに 体の 大きさが ちがうんだ！

1 オス　　**2** メス

クイズ145の こたえ **2**

あしの おそい ダンゴムシは、できるだけ みじかい 時間で てきから にげるため、しょうがいぶつに 当たると 右→左→右……と ジグザグに すすむ しゅうせいが あります。

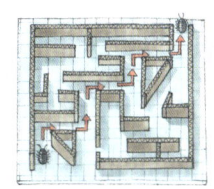

ジグザグに すすんで ゴール できるかな？

つくった めいろで じっけんしてみよう！

クイズ 148

日本に いる トンボで
いちばん とぶ スピードが
はやいのは どれ？

1 チョウトンボ

2 ギンヤンマ

3 シオカラトンボ

はやく とんで
空中で ピタッと
止まることも できるよ。

クイズ146の こたえ 2

カマキリが 体を ユラユラさせるのは、えものに
気づかれないように 近づくためだといわれます。
てきを いかくするときは、はねを 広げて カマを
もち上げます。体の 手入れを するときは、顔を
あらうように カマを うごかします。

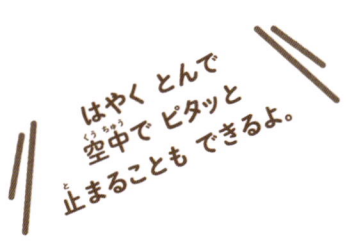

これは
いかくの
ポーズ！

149
クイズ

オニヤンマの
前あし、中あし、うしろあしの
長さが ちがうのは どうして?

とびながら
えものを
つかまえることも
できるんだ!

1 はやく とぶため

2 えものを しっかり
だきかかえるため

3 はやく 歩くため

クイズ147の こたえ **2**

カマキリは、春に 生まれて 夏に せい虫になり、秋に
メスが たまごを うみます。オスよりも メスのほうが
体が 大きく、こうびするときに メスが オスを
おそうことも あります。オスは メスよりも 細身で、
メスを さがすため よく とびます。

150 クイズ
アゲハチョウの よう虫が すきなのは なんの 木の はっぱ?

1 リンゴ　**2** ミカン　**3** バナナ

チョウの よう虫は しゅるいによって 食べる はっぱが ちがうんだ。

クイズ148の こたえ 2

日本一 はやく とべる トンボ、ギンヤンマの さいこう時そくは 70〜80kmです。むねの きんにくが はったつしていて、力強く はねを うごかすことが できます。はねは 長く、前後の はねを べつべつに うごかして とびます。

アゲハチョウは たまごを うむ 木を 見分けるとき、体の どこを つかって 見分ける?

> よう虫が すきな 木の はっぱを えらんで たまごを うむよ。

1 前あし　**2** 口　**3** おなかの先

クイズ149の こたえ **2**

オニヤンマは 全長82〜114mmになる、日本で いちばん 大きな トンボです。3ついの あしの 長さが ちがうことで えものを がっしり だきかかえることが できます。ただし 歩くのは にがてです。

152
クイズ

くらい 夜に かつどうする ガ。
なにを たよりに 食べものなどを
見つけるのかな?

1 音　**2** 色　**3** におい

クイズ**150**の こたえ **2**

同じ アゲハチョウの なかまでも、ナミアゲハは
ミカンや サンショウなどの はっぱ、キアゲハは
ニンジンなどの はっぱを 食べます。なお、きまった
ものしか 食べないのは よう虫のあいだだけ。人間の
赤ちゃんが ミルクだけ のんで そだつのと にています。

1 コウモリ

2 トンボ

3 カブトムシ

天てきが 出す
ちょうおんぱを 聞くために、
耳が はったつしている
しゅるいも いるよ。

ヒント

ガと 同じく
夜に かつどうする
生きものだよ。

- - - - - - - -
クイズ151の こたえ ①

チョウの 前あしの 先には あじの わかる ばしょが
あります。メスの チョウは 色や においで 目当ての
木を さがし、はっぱを 前あしで たたく「ドラミング」で
あじを かんじとり、よう虫が 食べられる はっぱか
かくにんします。

トン トン トン

いくつもの へやに 分かれている アリの す。 このへやは なんの へや？

1 女王アリの へや

2 たまごの へや

3 よう虫の へや

クイズ152の こたえ 3

けっこんあいてや 花の ミツを さがすのに、 チョウは 目を よく つかいますが、ガは においを たよりにしています。オスの ガの ふさふさの しょっかくは、メスの 出す におい （フェロモン）を 見つけるのに やくだちます。

メス

しょっかく

オス

へいたいアリは
オス? それとも メス?

へいたいアリとは
力しごとを する
体の 大きな
アリのことだよ。

1 オス

2 メス

3 きまって
いない

クイズ153の こたえ 1

ガの 多くは 夜に かつどうし、ハエや ハチのように
ブーンと とびます。天てきは コウモリです。ガは
はねが じみなものも 多いですが、なかには 昼に とぶ
チョウ そっくりの しゅるいも いて、見た目で ガと
チョウを くべつするのは かんたんではありません。

156
クイズ

カに さされても
いたくないのは どうして?

いたいと
すぐに
気づかれちゃう
からね。

1 すばやく はりを 入れるから

2 はだに くっつけているだけで、
ふかく ささって いないから

3 ますい(カの だえき)を 入れるから

クイズ154の こたえ ③

アリの すの中は、たまごの へや、よう虫の
へや、さなぎの へや、ゴミの へや、
食べものの へや、女王アリの へやなどに
分かれています。たまごや よう虫、
さなぎは はたらきアリが せわを します。

172

カが 人の 血を すうのは、なんのため?

157 クイズ

1 カの すきな 食べものが 夏には あまり ないから

2 人に たたかれる スリルを あじわうため

3 たまごを うむための えいようを とりたいから

ぷーん

ヒント

血を すうのは メスの カだけ!

クイズ155の こたえ **2**

すには、たまごを うむ 1ぴきの 女王アリと、えさを あつめたり、たまごや よう虫の せわを したりする はたらきアリが いて、むれが 大きくなると、へいたいアリが 生まれることも あります。これらの アリは みんな メスです。

女王アリ

へいたいアリ

はたらきアリ

158 クイズ

せなかに 黒くて 丸い もようが
7つ ある テントウムシは
なんという テントウムシかな?

遠くからでも
自立つ もようが
すてきでしょう!

1 ナミテントウ

2 シロホシテントウ

3 ナナホシテントウ

クイズ156の こたえ 3

かゆみや はれを おこすのは、力の だえきが
げんいん。だえきには、血が かたまらないようにする
せい分や、いたみを やわらげる「ますい」の せい分が
入っています。はりが 細く、先に 小さな ギザギザが
あるのも いたみを かんじにくい りゆうです。

力の はりを かく大すると……

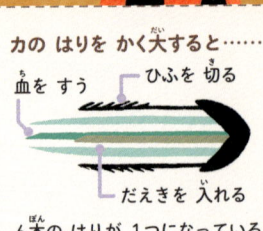

血を すう　　ひふを 切る

だえきを 入れる

6本の はりが 1つに なっている。

テントウムシの 大こうぶつ、アブラムシが すきな しょくぶつは どれ?

159 クイズ

アブラムシが いる 草に テントウムシも やって来るよ!

1 ノイバラ

2 カラスノエンドウ

3 ユキヤナギ

こたえは 1つじゃ ないよ!

クイズ157の こたえ 3

メスの 力は、たまごを うむのに 「たんぱくしつ」 という えいようが ひつようです。そのえいようを とるために、生きものの 血を すいます。 オスは たまごを うまないので 血は すわず、 花の ミツや じゅえきを すいます。

えいようを とらなくちゃ!

160 クイズ

この中に 1ぴきだけ
スズメバチが いるよ。
どれだろう?

1

2

3

みんな
そっくりな
すがただね!

クイズ158の こたえ ③

テントウムシは、てきに おそわれると あしから
にがい どくの しるを 出して 身を まもります。
ナナホシテントウの はでな すがたは、どくの
ある しるし。遠くからでも よく 目立ち、鳥に
食べられにくくなります。

虫が、ほかの しゅるいの 虫 そっくりに すがたを まねることを なんという?

161
クイズ

1 へんたい

2 ぎたい

3 合体

ヒメアカホシテントウに そっくりな 虫が 1ぴき まじっているよ。わかるかな?

クイズ159の こたえ **1** と **2** と **3**（ぜんぶ!）

アブラムシは さまざまな しょくぶつに つく 虫で、しょくぶつを びょう気に することが あります。
アブラムシを 食べる 肉食の テントウムシは 人間にとって「えき虫（よい 虫）」、やさいなどの はを 食べる テントウムシは「がい虫（わるい 虫）」と されています。

177

クイズ162 つぎのうち、どくを もつ 虫は どれ?

1 アオイラガ （よう虫）

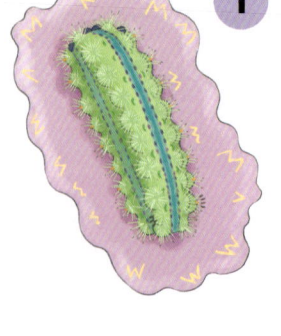

2 ミイデラゴミムシ

こたえは
1つじゃ
ないよ!

3 アオバアリガタハネカクシ

クイズ160の こたえ 3

1 は セスジスカシバという ガの なかまで、
2 は トラフカミキリという カミキリムシの
なかまです。どちらも どくを もたない 虫ですが、
どくばりを もつ スズメバチの すがたを まねて
おそわれないようにしているのです。

スズメバチ

アゲハチョウの よう虫は なんの まねを しているの?

163 クイズ

1 鳥の ふん
2 木の えだ
3 かれは

コノハチョウ

シャクトリムシ
(シャクガの よう虫)

ぼくが まねしているもの、なーんだ?

アゲハチョウの よう虫

クイズ**161**の こたえ **2**

ヒメアカホシテントウは、どくを もつ テントウムシの なかまです。1ぴきだけ まじっていた そっくりな 虫は ヘリグロテントウノミハムシという ハムシの なかま。どくは ないけれど、ヒメアカホシテントウの すがたに 「ぎたい」して てきから おそわれないようにしています。

そっくりさんは これ!

ジャコウアゲハは なぜ 赤と 黒の はでな すがたなの?

1 えものを おびきよせるため

2 どくが あることを アピールするため

3 くらやみの中でも 目立つように

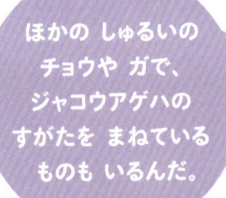

ほかの しゅるいの チョウや ガで、ジャコウアゲハの すがたを まねている ものも いるんだ。

クイズ162の こたえ **1** と **2** と **3**（ぜんぶ!）

アオイラガは せなかの とげに どくが あります。ミイデラゴミムシは おしりから 100度もの あつくて くさい どくの きりを ふんしゃします。アオバアリガタハネカクシは どくの 体えきを 出し、ふれると 赤く 水ぶくれが できます。

アオイラガ

スズムシや コオロギは、
体の どこを つかって 音を
出しているのかな?

165
クイズ

1 はね　　**2** おなか　　**3** 口

リーリー
リーリー

鳴くときは
こんな
かっこうだよ!

クイズ163の こたえ **1**

アゲハチョウの よう虫は、生まれたばかりのときは
鳥の ふんそっくりです。だっぴを くりかえすうちに
みどり色の 青虫になります。コノハチョウは かれはに、
シャクトリムシは 木の えだに そっくり。このように、
まわりの ものに すがたを にせる「ぎたい」も あります。

虫たちが 鳴く りゆうで いちばん 多いのは?

1 メスを さそって
けっこんするため

2 なかまに てきを 見つけた
合図を おくるため

3 音の ひびきかたで
今 いる いちを 知るため

リーン
リーン

スズムシ

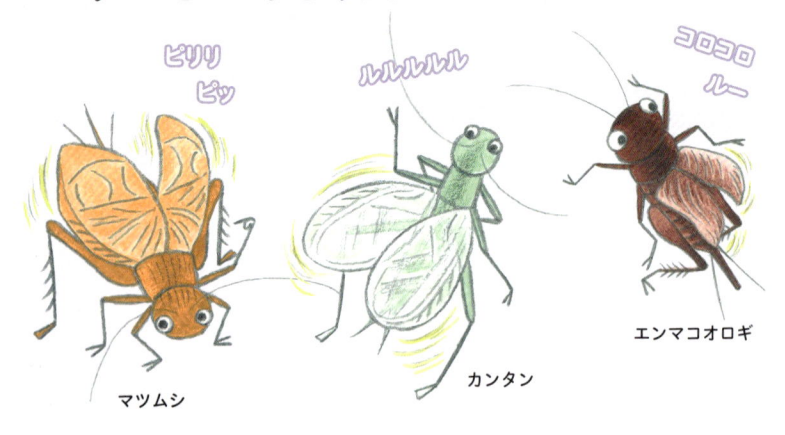

ビリリ
ビッ

ルルルル

コロコロ
ルー

マツムシ

カンタン

エンマコオロギ

クイズ164の こたえ ②

ジャコウアゲハは 赤と 黒の もようで、どくが
あると アピールしています。ほかにも、チョウの
はねの 色や もようには、なかまを 見分けるため、
同じ しゅるいの メスを 見つけるためなどの
りゆうが あると 考えられています。

1　ツクツクボーシ

2　シャワシャワシャワシャワ

3　カナカナカナ

鳴くのは
オスだけだよ。

クイズ165の こたえ 1

虫は 体を がっきにして 音を 出します。
スズムシや コオロギの 前ばねには
ギザギザの「やすりき」と、
出っぱった「まさつき」が あって、
それを こすり合わせて 音を 出します。

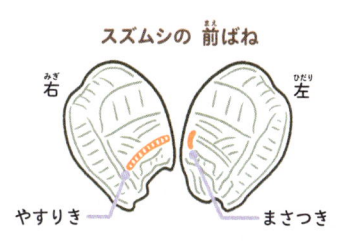

スズムシの 前ばね

右

左

やすりき　　　　　まさつき

どっちが オスの アブラゼミかな?

1

おなかに 「べん」が あるよ。

2

おしりに 「くだ」が あるよ。

クイズ166の こたえ **1**

虫たちが 鳴く りゆうで いちばん 多いのは、メスを さそい、けっこんする ことです。そのため ほとんどの 虫は オスしか 鳴きません。ほかの オスに 自分の なわばりを 知らせ、入ってこない よう おどす ために 鳴く ことも あります。

アブラゼミは なんの 木の じゅえきが すき?

169
クイズ

1. キンモクセイ
2. スギ
3. サクラ

口の はりを
木の みきに
つきさして
じゅえきを すうよ。

クイズ167の こたえ **2**

クマゼミは クマという 名前に ふさわしい
大きめの セミで、体長6〜7㎝ほどです。
鳴くのは オスだけで、朝から 昼まで
シャワシャワシャワと 大きな 声で 鳴き、
けっこんあいての メスに アピールします。

シャワ
シャワ
シャワ
シャワ

170 クイズ

ハチや どくの ある アリで、どくばりを もっているのは オス？ メス？

1 オス

2 メス

スズメバチの ぶきは どくばりと 大あご！

クイズ168の こたえ 1

セミは オスしか 鳴かないため、体の つくりも オスと メスで ちがっています。オスの おなかには 鳴くときに つかう 大きな べんが あり、メスの おしりには たまごを うむときに つかう くだが あります。ぬけがらでも 見分けられます。

オス　メス

音を ちょうせつする べん

たまごを うむ くだ

ミツバチは 花から 花へ とびまわって なにを あつめているの?

1 花びら　**2** 花ふん　**3** 花の ミツ

こたえは
2つ!

とっても
はたらきものなんだ。

クイズ169の こたえ **3**

虫の 口は、食べるものに 合わせて さまざまな 形を しています。セミの 口は はりのように なっていて、木の みきに つきさし じゅえきを すうように できています。なかでも サクラ、ナシ、リンゴなど、じゅえきが 多い バラ科の 木を このみます。

172 クイズ

ミツバチ 1ぴきが 一生（いっしょう）で つくる ハチミツは、どのくらいの りょう?

1. **ティースプーン 1ぱい分（ぶん）**
2. **カレースプーン 1ぱい分（ぶん）**
3. **おたま 1ぱい分（ぶん）**

ヒント

はたらきバチの じゅみょうは やく1か月（げつ）だよ。

クイズ170の こたえ 2

ハチや どくの ある アリの どくばりは、メスの さんらんかんという たまごを うむための くだの いちぶが へんかしたものです。そのため、どくばりは メスにしか ありません。じぶんや なかまを まもるとき、えものを かるときなどに つかわれます。

スズメバチ
ミツバチ
ヒアリ

ミツバチは ミツが くさらないように、ミツに なにを まぜている？

173
クイズ

花の ミツを すの ちょぞうこに ためたら、はねで あおいで 水分を とばし、ミツを こくするよ。

1 なみだ　　**2** だえき　　**3** ふん

クイズ171の こたえ **2** と **3**

ミツバチは、花の ミツを あつめます。
ミツは、体の中に ある「みつい」という
ばしょに ためて すに はこびます。体に
ついた 花ふんも だんごにして もち帰り、
よう虫たちの ごはんにします。

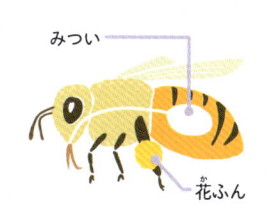

みつい

花ふん

189

174
クイズ

チョウの はねに ある
色（いろ）や もようを つくっている
粉（こな）を なんという？

1 うろこ　**2** 花（か）ふん　**3** りんぷん

かく大（だい）する

クイズ**172**の こたえ **1**

ミツバチは 花（はな）の ミツから つくった ハチミツを
すの ちょぞうこに ほぞんし、それを ほぞん食（しょく）に
しています。1ぴきの はたらきバチが 一生（いっしょう）で
つくる ハチミツは ティースプーン 1ぱい分（ぶん）か、
それよりも 少（すく）ないくらいと いわれています。

チョウ、カブトムシ、バッタ。
この中で「さなぎ」に ならない
虫は どれかな？

175
クイズ

1　カブトムシ

2　チョウ

3　バッタ

だれの
さなぎかな？

クイズ173の こたえ 2

ミツバチは 花の ミツを おなかの中の「みつい」や
すの ちょぞうこに ためるとき、だえきで ミツの
せい分を へんかさせます。さらに はねで 風を
おくって 水分を とばすことで、ミツが こくなり、
くさりにくい ハチミツに なります。

191

176 クイズ

タマムシや モルフォチョウと
にた しくみで 光っているものは
つぎのうち どれかな?

ヤマトタマムシ

この体の 色を
「こうぞう色」と いうよ。
光の 当たりかたで 色が
へんかして 見えるんだ!

1 金色の おり紙

2 しゃぼん玉

3 しんごうきの 光

モルフォチョウ

クイズ174の こたえ **3**

「りんぷん」は はねに 生えた 毛が ひらたく
へんかしたもので、水を はじく やくめも あります。
チョウを かんさつするとき、はねを もつと
りんぷんが とれて 弱ってしまうので、むねを
そっと つまむようにすると よいでしょう。

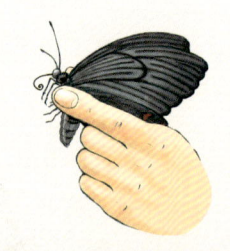

クワガタムシは どうやって じゅえきを のむの?

1 ブラシのような 口で なめとる

2 ストローのような 口で すいとる

3 木に はりのような 口を
つきさして のむ

クイズ175の こたえ 3

チョウや カブトムシなどの 虫が よう虫から さなぎ、
せい虫へと すがたを かえることを 「かんぜんへんたい」と
いいます。カマキリや バッタなどの 虫が、さなぎには
ならず、だっぴしながら せいちょうして せい虫になる
ことを 「ふかんぜんへんたい」といいます。

アゲハチョウの 口は 花の ミツを すうため、どんな 形に なっている?

1 スポイトのような 形

2 スプーンのような 形

3 ストローのような 形

花の ミツを すうには この形が いちばん べんりだよ。

クイズ176の こたえ 2

かくどによって 体の 色が かわって 見える 虫は、すべて 「こうぞう色」を もっています。タマムシの こうぞう色は、とうめいの うすい まくが かさなって はっ色しています。しゃぼん玉や コンパクトディスクの にじ色も こうぞう色です。

しゃぼん玉も こうぞう色!

カイコの よう虫は
クワの はっぱを 食べる。
では、せい虫は なにを 食べる？

179
クイズ

1 クワの はっぱ

2 自分が 入っていた まゆ

3 なにも 食べない

クイズ177の こたえ **1**

虫の 口の 形で いちばん 多いのは、バッタや
アリなどが もつ「かむ 口」。けれど、カブトムシや
クワガタムシなど 木の じゅえきを 食べる 虫は
ブラシのような 形の「なめる 口」を もちます。
ハエの なかまの 多くも なめる 口です。

180 クイズ

光る 虫として
ゆうめいな ホタルは、
よう虫のときも 光るのかな?

① 光る
② 光らない

クイズ178の こたえ ③

虫の 口の 形は 大きく 分けて かむ 口、すう 口、
なめる 口の 3つです。チョウは ストロータイプの
すう 口を もちます。花の ミツや じゅえきを
すうためで、チョウや ガの 口は ふだん 丸まっていて、
ミツを すうときに のびます。

ゲンジボタルと ヘイケボタル、
光る リズムが
ゆっくりなのは どっち?

181 クイズ

しゅるいに よって
光りかたが ちがうよ。

ゲンジボタル

ヘイケボタル

1 ゲンジボタル **2 ヘイケボタル**

クイズ179の こたえ 3

よう虫の ときは 食べるけれど、せい虫になると
なにも 食べない 虫が います。カイコ、
カゲロウなどが そうです。せい虫の じゅみょうが
みじかいため、かぎられた いのちを、自分の
子そんを のこすことだけに つかうのです。

カイコ

カイコガ

182 クイズ

クモは 体の どこから 糸を 出すの?

1 口 **2** あし **3** おしり

この「あみ」で
えものを
つかまえるよ。

クイズ180の こたえ **1**

ホタルといえば 光りながら とびまわる 虫という
イメージですが、じつは 光らない ホタルも います。
日本の ホタル およそ50しゅるいのうち、オスも
メスも 光るのは 12しゅるいほど。しかし、
よう虫のときは ぜんぶの しゅるいが 光ります。

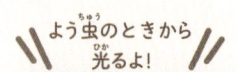

よう虫のときから
光るよ!

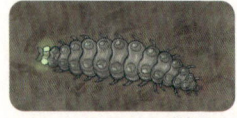

ゲンジボタルの よう虫

この中で、
ウズグモの あみは どれ?

1 きれいな うずまき もよう。

2 いろんな ゴミの かざりつき。

3 細かい あみ目だよ。

4 ばってん もようが とくちょう。

赤い むねに 黒い 十字もようが あるのが とくちょうの
ゲンジボタルは、林の 近くの 川などに すんでいて、
黄みどり色の 強い 光で はっこうします。
ヘイケボタルは 水田や 池に すみ、ゲンジボタルより
光が 弱く、チカチカと、こきざみに はっこうします。

ゲンジボタル

184 クイズ

いたくない ちゅうしゃばりは、
なんの 虫を お手本に
つくられたのかな?

1 カ

2 ハチ

3 チョウ

マイクロニードル

> このギザギザの
> 形が、いたくない
> ちゅうしゃばりの
> ひみつ!

クイズ182の こたえ **3**

クモは おしりから 糸を 出して あみを はります。
「クモの す」と よびますが、ほんとうは すではなく あみです。

1  → **2**  → **3**  → **4**

1 クモ **2 カイコ** **3 ミノムシ**

ナイロンは
レインコートなどに
つかわれるよ。

？

ヒント

きぬ糸_{いと}は この虫_{むし}の
まゆから とれるよ。

クイズ183の こたえ 1

クモの あみの 形_{かたち}は しゅるいによって ちがいます。
1 は ウズグモの あみで、うずまきもようが
とくちょうです。**2** は ゴミグモの あみで
中心_{ちゅうしん}に かれはなどの ゴミを あつめます。
3 は ジョロウグモ、**4** は コガネグモの あみです。

カタハリウズグモの あみ

しょくぶつの 「み」のようで、
じつは 虫が つくった よう虫の
すみか。これを なんという?

絵の中にある
「み」のようなものは
ぜんぶ よう虫の
すみかだよ。

1 虫こぶ

2 さなぎ

3 つぼみ

クイズ184の こたえ 1

いたくない ちゅうしゃばりには、ギザギザが
ついています。このギザギザは カの はりを
まねて つくられました。カの はりは かみの毛
よりも 細く、人の 目には 1本に 見えますが、
じつは 6本の はりから できています。

くわしくは
174ページを
見てね!

水の中で くらす タガメは、どうやって こきゅうを しているの?

タガメは まちぶせタイプの 水中さいきょうハンター。カマのような 前あしで えものを つかまえるよ。

タガメ

1 おしりの くだを 水めんに 出す

2 ときどき 水めんから 顔を 出す

3 おなかに 空気の あわを ためこむ

クイズ185の こたえ **2**

ナイロンは、カイコが つくる きぬ糸の こうぞうを まねて つくられた かがくせんいです。このように ほかの 生きものの のうりょくや 体の しくみを まねて、人が 新しい せいひんを つくる ぎじゅつを「バイオミメティクス」といいます。

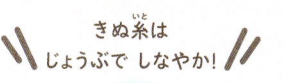
きぬ糸は じょうぶで しなやか!

クイズ 188

サソリは こん虫ではなく、つぎのうち どれの なかま?

1 ザリガニ

2 ムカデ

3 クモ

せかいには およそ 2700しゅるいの サソリが いるんだ。

クイズ186の こたえ **1**

虫こぶとは、虫が しょくぶつの め、はっぱ、花などに つくる、子どもを そだてるための「こぶ」の ことです。虫こぶの中の よう虫は、こぶの なかみを 食べて そだち、やがて あなを あけて 出てきます。

バラハタマフシ

ナラハウラマルタマフシ

写真提供：井手竜也

日本に いる サソリは、つぎのうち どれだろう?

こたえは 2つ!

1 ヤエヤマサソリ

とっても 小さいよ。

2 ダイオウサソリ

せかい さい大!

体が 小さく、どくも 強くないよ。

3 マダラサソリ

クイズ187の こたえ 1

こん虫は みんな 口や 鼻ではなく おなかの よこの 「気もん」という ばしょで こきゅうして、生きていく のに ひつような さんそを とりこんでいます。水中で くらす タガメは、おしりから のびた こきゅうかんを シュノーケルのように つかって こきゅうを します。

タガメ

いちばん あしの 多い ジムカデの なかまの、あしの 数は なん本?

1 42本　**2** 100本　**3** 382本

ムカデは、子そだてを する めずらしい 虫。母ムカデは たまごを うんでから やく2か月、なにも 食べずに 子どもを まもりつづけるよ。

クイズ188の こたえ **3**

サソリは 4おく3000万年前から ほとんど 形を かえておらず、「生きた 化石」とも いわれています。こん虫ではなく クモや ダニの なかまの 虫です。はさみが 1つい、あしが 4つい あります。きけんな どくを もつ サソリは せかいに 30しゅるいほどです。

強い どくを もつ
オブトサソリ

きょうりゅうクイズ

ティラノサウルス、トリケラトプス、
きょうりゅうの 歯、うんち、しっぽ、
よくりゅう、古生物など **39**もん

かげ絵で 当てよう！
このきょうりゅう なーんだ？

つのが
3本あるよ！

1 トリケラトプス

2 トロオドン

3 パラサウロロフス

クイズ189の こたえ **1** と **3**

日本には、沖縄の 先島諸島に 2しゅるいの
サソリが います。どくばりは ありますが、体が
小さいため 人の ひふに ささりにくかったり、
どくも それほど 強くなかったりして、あまり
きけんでは ありません。

10円玉サイズだよ！

ティラノサウルスの 前あしの ゆびは なん本?

1 2本　**2** 4本　**3** 5本

大きな 体に たいして、前あしは 小さいんだ。

クイズ190の こたえ 3

ムカデは 1つの 体せつに 1つい 2本の 長い あしが あります。「つい」とは 2つで ひと組のものを あらわす ことばです。いちばん あしの 多い ジムカデの なかまは、191つい 382本もの あしが あります。

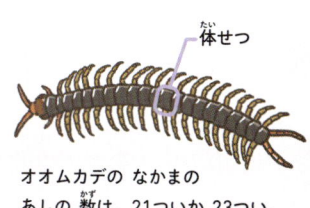

体せつ

オオムカデの なかまの あしの 数は、21ついか 23つい。

クイズ 193

ティラノサウルスが 夜でも かりを することが できたのは どうしてかな?

昼も 夜も かんけいなく おなかが すけば いつでも かりを していたよ。

1 目が いいから

2 鼻が いいから

3 耳が いいから

クイズ 191の こたえ 1

トリケラトプスは、はったつした つのと えりかざりを もつ きょうりゅうです。 トロオドンは、前あしに 小さな つばさが あり、パラサウロロフスは、頭に 長い とさかを もっています。

ティラノサウルスの かむ 力は ライオンの なんばい？

1 5ばい　**2** 10ばい

3 15ばいいじょう

クイズ192の こたえ **1**

ティラノサウルスの 前あしは
小さく、ゆびは 親ゆびと
人さしゆびの 2本しか ありません。
大きな あごが あるために、
前あしが 小さくなりました。

いちばん 体が 長い きょうりゅうの 名前は?

体の 長さ
ナンバーワン!

1 シャントゥンゴサウルス

2 アルゼンチノサウルス

3 スピノサウルス

クイズ193の こたえ 2

ティラノサウルスは、のうの においを かんじる
ぶぶんが はったつしていて、えものの においを
かぎ分ける のうりょくに すぐれていました。
そのおかげで くらい 夜でも かりを
することが できたと 考えられています。

いちばん せの 高い きょうりゅうの 名前は?

せの 高さ ナンバーワン!

1 ティラノサウルス

2 ブラキオサウルス

3 テリジノサウルス

クイズ194の こたえ ③

あごの きんにくが はったつし、上下の あごには、ねもとまで 入れると 30㎝ほども ある 長い 歯が ならんでいました。かむ 力は、 「百じゅうの王」といわれる ライオンの 15ばいいじょう あったと 考えられています。

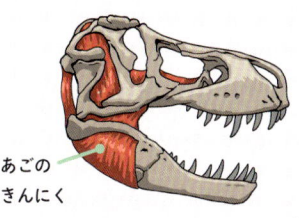

あごの きんにく

いちばん あしが はやい きょうりゅうは どれ?

1　トリケラトプス

2　オルニトミムス

3　ディロフォサウルス

クイズ**195**の こたえ **2**

アルゼンチノサウルスの 大きさは
全長35～40m（バス4台分）。
自分の あしで 歩いて はかってみると、
1歩が 50cmなら 80歩分も あり、
その大きさを じっかんできます。

アルゼンチノサウルス

つまさきで 立っている きょうりゅうは どれ?

ディプロドクス

ティラノサウルス

こたえは
1つじゃ
ないよ!

コリトサウルス

1 ディプロドクス

2 ティラノサウルス

3 コリトサウルス

クイズ196の こたえ ❷

ブラキオサウルスの せの 高さは
およそ14.4m。マンションの 5かいに
当たる 高さです。長い 首で、より 高い
ばしょの しょくぶつを 食べていたと
考えられています。

ブラキオサウルス

スピノサウルスの
ひらべったい しっぽは
なんのため?

1 水の中で じょうずに およぐため

2 りくの上を はやく 走るため

3 風を おこして 体を ひやすため

全長およそ15m。
肉食きょうりゅうで
いちばん
体が 長いよ。

クイズ**197**の こたえ **2**

きょうりゅうの あしの はやさは、あしの ほねの
長さや あしあとの 化石の 歩はばなどから
わかるばあいが あります。オルニトミムス科の
なかまは あしが はやく、時そく60kmほどで
走ったのではないかとも 考えられています。

オルニトミムス

アンキロサウルスの しっぽには なにが ある?

1 かざり羽

2 ハンマー

3 どくばり

?

クイズ198の こたえ **1** と **2** と **3** (ぜんぶ!)

人間は かかとまで 地めんに つけて 体を
ささえますが、きょうりゅうは みんな、
つまさき立ちを していました。つまさき立ちで
体の バランスを とることで、体が 大きくても
走ったり 歩いたりすることが できたのです。

パラサウロロフスは 長い とさかを つかって なにを したのかな?

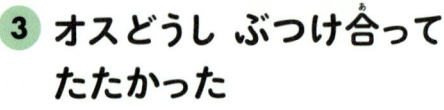

1 なかまと れんらくを とった

2 てきを こうげきした

3 オスどうし ぶつけ合って たたかった

クイズ **199**の こたえ **1**

スピノサウルスの しっぽは ワニの しっぽに 形が にていて、水の中で ヒレのように うごかして、じょうずに およぐことが できたと 考えられています。せなかには ヨットの ほのような せびれも ありました。

オビラプトルは つばさを なんのために つかったの?

1 たまごが かえるまで あたためるため

こたえは 2つ!

2 空を とぶため

3 メスに アピールするため

クイズ200の こたえ 2

アンキロサウルスの しっぽの先は ほねの かたまりで できた ハンマーになっています。 このハンマーを ふり回して、てきを こうげきしたり おいはらったりしていたと 考えられています。

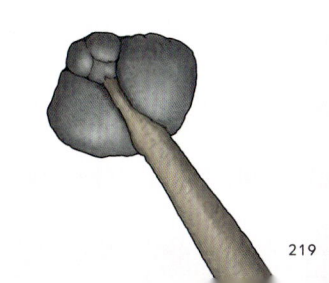

ステゴサウルスの せなかの いたは、どんな やくめを していたの?

1 いたどうし ぶつけて 音を 出し、てきを いかくした

2 いたを 日光に 当てて 体温ちょうせつに つかった

3 いたで てきを こうげきした

パラサウロロフスや コリトサウルスなど、長い とさかを もつ きょうりゅうは、中が くうどうに なっている ほねから ラッパのような 音を 出し、遠くの なかまと れんらくできたと 考えられています。

アルゼンチノサウルスの
太ももの ほねは
どのくらい 太いの?

クイズ 204

1 およそ12cm
（トイレットペーパーくらい）

2 およそ35cm
（Lサイズの ピザくらい）

3 およそ60cm
（マンホールの
ふたくらい）

クイズ202の こたえ 1 と 3

オビラプトルや トロオドンなどが もつ
前あしに ついた 小さな つばさでは 空は
とべません。たまごを あたためたり、
メスに アピールしたりするために
やくだてていたようです。

アロサウルスは どの時代の きょうりゅう?

1 三畳紀

2 ジュラ紀

3 白亜紀

強力な あごで
大がたきょうりゅうにも
かみつくぞ!

クイズ**203**の こたえ **2**

ステゴサウルスの せなかに ある ほねの いたには、
たくさんの 血かんが とおっていました。
日光や 風や 水を つかって あたためたり
ひやしたりして、体温を ちょうせつしていたと
考えられています。

タルボサウルスは、どんな いみの 名前かな?

ティラノサウルスの
なかまで、
アジアさい強の
肉食きょうりゅう!

1 おそるべき トカゲ

2 ぼうくんトカゲの 王

3 きょ大な
南の トカゲ

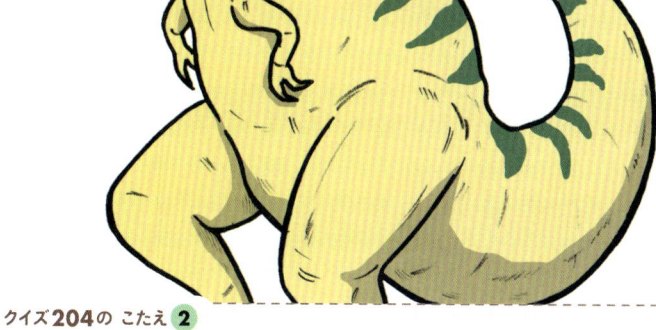

クイズ204の こたえ **2**

アルゼンチノサウルスは 全長35〜40m もある、
とても 大きい きょうりゅうです。
見つかっている 太ももの ほねの 化石は
ちょっけい35.4cm、
Lサイズの ピザくらいの 太さです。

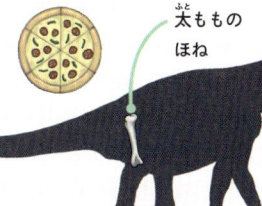

太ももの
ほね

ティラノサウルスの 歯は どれかな?

1

えんぴつを
ならべたような
歯。

タケノコのような
形で たてに
すじが 入っている
歯。

2

3

バナナのように
太くて
がんじょうな
歯。

クイズ205の こたえ 2

アロサウルスが 生きていた ジュラ紀は、
火山の ふん火により 大きな はちゅうるいが
ぜつめつした あとの 時代です。
ライバルが いなくなって、ここから
きょうりゅうの 時代が はじまりました。

ユーラシア
大りく

ゴンドワナ
大りく

ジュラ紀のころの 地球。今と
大りくの 形が ちがっていた。

歯が 生えかわる 時間が いちばん みじかいのは つぎのうち どのきょうりゅう?

1 ディプロドクス

2 スピノサウルス

3 ティラノサウルス

クイズ206の こたえ **1**

ギリシャ語で、タルボは「おそるべき」、
サウルスは「トカゲ」を いみします。
2 は ティラノサウルス、
3 は 南アメリカさい強の
ギカノトサウルスの 名前の いみです。

ギカノトサウルス

タルボサウルス

デンタルバッテリーとよばれる歯を もっているきょうりゅうは どれ?

2 スピノサウルス

1 ディプロドクス

3 ハドロサウルス

ヒント

歯が すりへっても すぐに つぎの
歯が たくさん 出てくる 体の しくみを
デンタルバッテリーというよ。

クイズ207の こたえ **3**

肉食きょうりゅうの ティラノサウルスは、ほねごと 肉を
かみくだくため 長くて 太い 歯を もっていました。
1は しょくぶつ食の ディプロドクスが はっぱを
えだから すきとって 食べるための 歯、**2**は 魚を
つきさして つかまえる スピノサウルスの 歯です。

じっさいには
絵のように
はっぱの 形までは
のこらないよ。

こたえは
1つじゃ
ないよ！

1 肉食か しょくぶつ食か

2 きょうりゅうの 大きさ

3 きょうりゅうの
けんこうじょうたい

クイズ208の こたえ **1**

歯が 生えかわるのに かかる 時間は
きょうりゅうによって ちがいます。
ディプロドクスは 35日くらいで みじかく、
ティラノサウルスは 歯が とても 大きいため
777日も かかったと 考えられています。

ディプロドクス

トリケラトプスの あしあとは どっちかな?

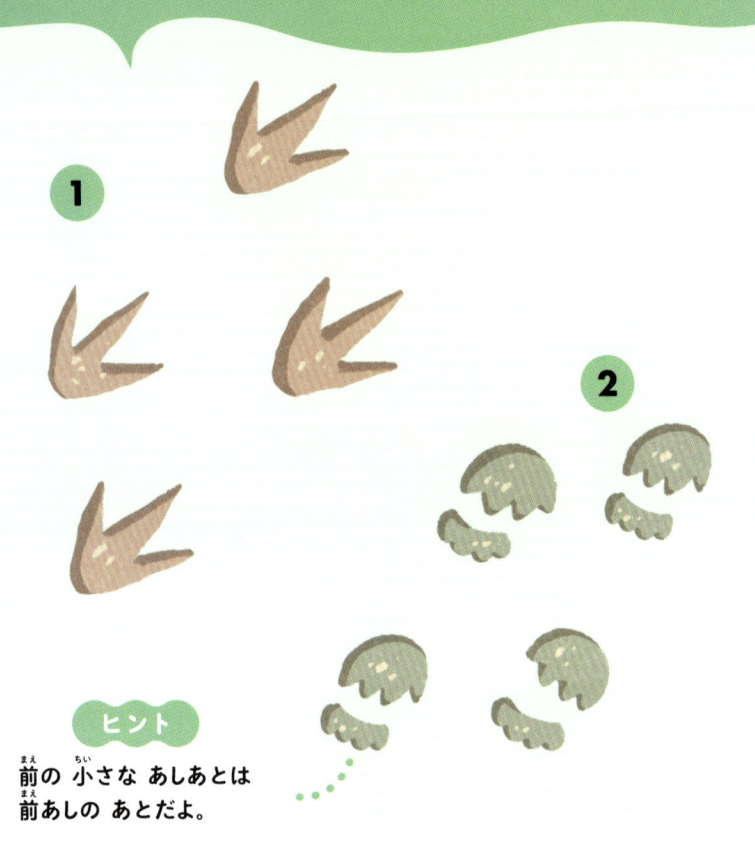

1

2

ヒント

前の 小さな あしあとは
前あしの あとだよ。

クイズ209の こたえ 3

ハドロサウルスは、歯が すりへっても すぐに
つぎの 歯が たくさん 出てくる デンタルバッテリー
という しくみの 歯を もっていました。小さく
ならんだ たくさんの 歯で、おろし金のように
はっぱを すりつぶして 食べていたようです。

ハドロサウルスの
なかまの 歯

つぎのうち、日本で 化石が 見つかった きょうりゅうは?

1 **カムイサウルス**

2 **フクイラプトル**

3 **タンバティタニス**

こたえは
1つじゃ
ないよ!

クイズ210の こたえ 1 と 2 と 3 (ぜんぶ!)

肉食なら うんちの中に どうぶつの ほねが、
しょくぶつ食なら しょくぶつの せんいが
のこっていることが あります。
きょうりゅうの 大きさや、けんこう
じょうたいが わかることも あります。

きょうりゅうの ふんの 化石

クイズ 213 パキケファロサウルスは おとなになると どうなる?

1 4足歩行から 2足歩行に かわる

2 頭が 丸く ぶあつくなる

3 トゲが 長くなる

お父さんを 絵に かいたよ!

クイズ211の こたえ 2

ほねだけでなく、あしあとも 化石となって のこって います。どの きょうりゅうの あしあとかまでは わかりませんが、2足歩行か 4足歩行か、歩く スピードは はやかったかなどは わかります。
1は 2足歩行の きょうりゅうの あしあとです。

きょうりゅうの 年れいは、化石の なにを 見ると わかるのかな?

クイズ
214

1 うんち

2 歯の ひょうめん

3 ほねの中

クイズ**212**の こたえ **1**と**2**と**3**（ぜんぶ!）

日本では いがいと 多くの きょうりゅうが 見つかっています。もんだいの こたえの きょうりゅうのほかにも、ヤマトサウルス、フクイティタン、フクイサウルス、フクイベナートルなどが ゆうめいです。

231

ティラノサウルスも なっていた
びょう気 「つうふう」。
そのげんいんは なんだろう?

1 すいみんぶそく

2 肉や 内ぞうの 食べすぎ

3 たたかったときの ケガ

手が ズキズキ
いたくて……。

「つうふう」
ですね。
おだいじに!

クイズ**213**の こたえ **2**

パキケファロサウルスは、
ぶあつくて 丸い 形をした 頭が
とくちょうてきですが、子どもの
ころは 長い トゲの ある ひらたい
頭を していたと 考えられています。

子ども　　おとな

つぎのうち、人間の ひざに
のる サイズの きょうりゅうは
どれかな?

1 メイ

2 スキウルミムス

3 フルイタデンス

4 イー

こたえは
1つじゃ
ないよ!

クイズ**214**の こたえ **3**

きょうりゅうの ほねを わ切りにすると、
木の 年りんのような 線が 見え、年れいを
知ることが できます。右の しゃしんは、
9さいいじょうの おとなのものと
思われる カムイサウルスの ほねです。

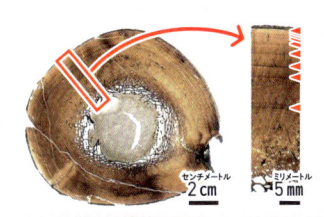

2cm　5mm

写真提供：北海道大学総合博物館

233

つぎのうち、きょうりゅうではない生きものは どれだろう?

1 エラスモサウルス

こたえは
2つ!

2 スピノサウルス

3 イクチオサウルス

クイズ215の こたえ **2**

「つうふう」などの びょう気は、ほねが とけて
形が かわるので、化石を しらべると わかります。
そのほか、こっせつや ほねの がんも 化石から
知ることが できます。ぎゃくに 化石に のこらない
けがや びょう気については 知ることが できません。

「こつずいえん」の あとが
のこる 化石
写真提供：田中康平

つぎのうち、化石に ならないものは どれ?

1 あしあと

2 おなら

3 うんち

クイズ216の こたえ 1 と 2 と 3 と 4 (ぜんぶ!)

メイと スキウルミムスは どちらも
全長70㎝ほどの 肉食きょうりゅう。
フルイタデンスは 全長75㎝ほど、イーは
全長60㎝ほどの ざっ食の きょうりゅうで、
どれも ひざの上に のる 大きさでした。

いちばん 大きい きょうりゅうの たまごは、どのくらいの 大きさなの?

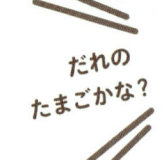

だれの
たまごかな?

1 30cm
センチメートル

2 60cm
センチメートル

3 2m
メートル

クイズ**217**の こたえ **1** と **3**

エラスモサウルスは、全長10m を こえる
「首長りゅう」。イクチオサウルスは、
イルカに よく にた 「魚りゅう」。どちらも
きょうりゅうが りくを しはいしていた
時代に 生きていた 海の はちゅうるいです。

マイアサウラは
どのようにして たまごを
あたためたのかな?

1 しょくぶつを かぶせて あたためた

2 おんせんの ねつで あたためた

3 たまごの上（うえ）に すわって
羽毛（うもう）で あたためた

クイズ218の こたえ 2

いきものの 体（からだ） そのものでなくても、
あしあとや うんち、すなななど、
かつどうの あとが 化石（かせき）になった
ものが 見（み）つかることが あります。
これを 「せいこん化石（かせき）」 といいます。

あしあとの 化石（かせき）が できるまで

あしあとに 土（つち）や すなが 入（はい）りこみ
長（なが）い 年月（ねんげつ）を かけて かたまる。

クイズ 221 今も いる、きょうりゅうの 生きのこりの 生きものは？

1 ワニ

2 鳥（とり）

3 イグアナ

クイズ **219**の こたえ **2**

きょうりゅうの たまごというと、とても 大（おお）きな
ものを そうぞうしますが、じつは いがいと
大（おお）きくありません。今（いま）、見（み）つかっている たまごの
化石（かせき）で いちばん 大（おお）きなものは ベイベロンという
きょうりゅうの なかまの たまごで、長（なが）さ60センチメートルくらいです。

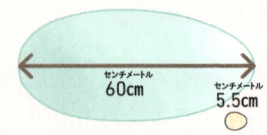

ベイベロンのたまご　センチメートル60cm

ニワトリの
たまご　センチメートル5.5cm

238

きょうりゅうが 地球（ちきゅう）から
いなくなったのは
今（いま）から なん年前（ねんまえ）のことかな?

1 6600万年前（まんねんまえ）

2 8000万年前（まんねんまえ）

3 1おく年前（ねんまえ）

クイズ220の こたえ 1

マイアサウラは、土（つち）を もって つくった すに
しょくぶつを かぶせて たまごを あたためました。
土（つち）が もつ ねつや、すに かぶせた
しょくぶつの 「はっこう」という はたらきを
つかって、たまごを あたためたのです。

きょうりゅうぜつめつの げんいんになった いん石、おちたのは どこ?

1 今の アメリカ

2 今の メキシコ

3 今の 日本

いん石が おちたあと、そのしょうげきで きょ大な 地しんや つなみも はっせいしたよ。

クイズ221の こたえ ②

鳥は きょうりゅうの 生きのこりです。
ティラノサウルスなどの「じゅうきゃくるい」と
よばれる グループの中から、前あしを つばさに
へんかさせた グループが 生まれ、その中の
いちぶが しんかして 今の 鳥に なりました。

シソチョウ

きょうりゅうの中で、鳥の
そせんだけが 生きのこったのは
なにを もっていたから？

ヒント

虫や しょくぶつの
たねなどを 食べて
生きのびたよ。

1 羽毛

2 つばさ

3 歯の ない クチバシ

クイズ**222**の こたえ **1**

やく6600万年前、きょ大な いん石が 地球に
おちました。そのときの 地しんや つなみや
火事と、その後 まいあがった チリによって
長いあいだ 太陽の 光が とどかなくなったことで、
ほとんどの 生きものが しんでしまったのです。

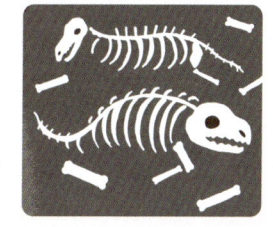

プテラノドンは、きょうりゅうではなくなんの なかま?

水めん近くをとんで、魚を食べていたよ。

1 魚りゅう　**2** よくりゅう　**3** 首長りゅう

クイズ223の こたえ ②

きょ大いん石は、今の メキシコの
ユカタン半島に おちました。
ちょっけい10kmにもなる、せかいいち
高い 山「エベレスト」よりも
大きな いん石でした。

10km
くらい

いん石

8.8km
くらい

エベレスト

クイズ
226

プテラノドンの 名前の
ゆらいは つぎのうち どれ?

1 空を とぶ トカゲ

2 きょ大な 鳥

3 歯の ない つばさ

つばさを
ひらくと
やく6mの
大きさ!

クイズ224の こたえ **3**

鳥の そせんは 歯のない クチバシを もち、歯の
かわりに 大きな きんにくの ある 力強い いを
もっていました。そのため、しょくぶつが しんだ
あとも のこった かたい たねなどを 食べて
生きのびられたのではないかと 考えられています。

生きのこった
きょうりゅう

リソルニスの
なかま

大むかしに いた、体長4mの きょ大な カメの なかまを なんという?

1 ゾウガメ

2 アンモナイト

3 アーケロン

人間が なん人も のれちゃうくらい 大きいんだ!

クイズ225の こたえ 2

プテラノドンも、きょうりゅうと 同じ 時代に 生きた はちゅうるいですが、きょうりゅうとは ちがう 「よくりゅう」 とよばれる グループの 生きものです。きょうりゅうと 同じ そせんから しんかした 親せきのような かんけいです。

きょうりゅう
（トロオドンの なかま）

よくりゅう
（プテラノドン）

古生代に 生きていた 魚、ダンクルオステウスの とくちょうは なんだろう?

同じ 時代に アンモナイトや 三葉虫が いたよ。

ダンクルオステウス

アンモナイト

三葉虫

1 よろいのような ほねの いたに おおわれていた

2 ダンゴムシのように 丸くなることが できた

3 地上でも こきゅうが できた

クイズ226の こたえ ③

プテラノドンの つばさは、コウモリのように うすい まくで できていて、1本の 長い ゆびが まくを ささえていました。クチバシに 歯は なく、魚を のみこんで 食べていたようです。 そのクチバシと つばさが 名前の ゆらいです。

れきし上 さい大の りくじょう ほにゅうるい、パラケラテリウム。その大きさは どのくらい?

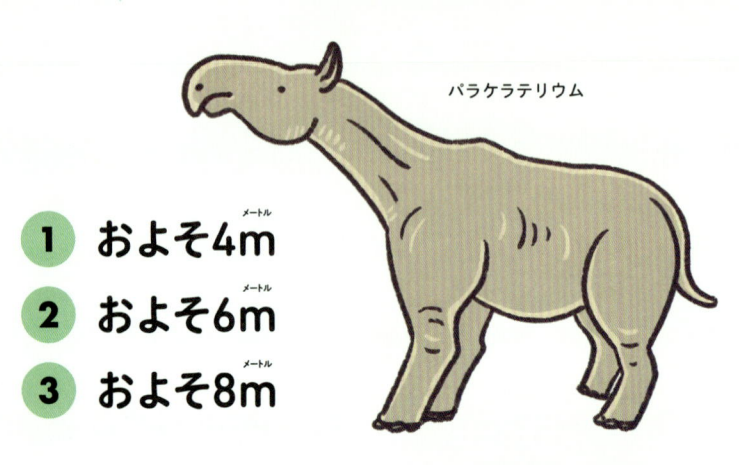

パラケラテリウム

1 およそ4m

2 およそ6m

3 およそ8m

デイノテリウム

パラケラテリウムと 同じ 時代に 生きていた デイノテリウムは、ゾウの なかまでは さい大きゅう。体長は およそ5mだよ。

クイズ227の こたえ 3

アーケロンは、白亜紀に 生きていた れきし上で いちばん 大きい ウミガメで、全長が およそ4mも あります。げんざい せいそくしている せかいさい大の オサガメは 全長およそ1.5mです。

くらしと
ちきゅう
クイズ

トイレ、スマートフォン、
電気、ひこうき、ダイヤモンド、
地下、地しんなど **29**もん

230
クイズ

トイレに ながされた うんちは、
下水道かんを とおって
どこへ いくのかな?

1 海

2 山

3 下水しょり場

これから ぼく、
どこへ
いくのかな?

- - - - - -
クイズ228の こたえ 1

ダンクルオステウスは、きょうりゅうが いた
時代よりも 古い 古生代の 魚です。よろいのような
ほねの いたに おおわれていて、体長は およそ
6〜10m。口が がんじょうで、大きな えものを
おそって 食べていたと 考えられています。

古生代の 海の ようす

下水しより場で、よごれを きれいにするために はたらいている 生きものは?

\\ どんどん きれいになっていくよ! //

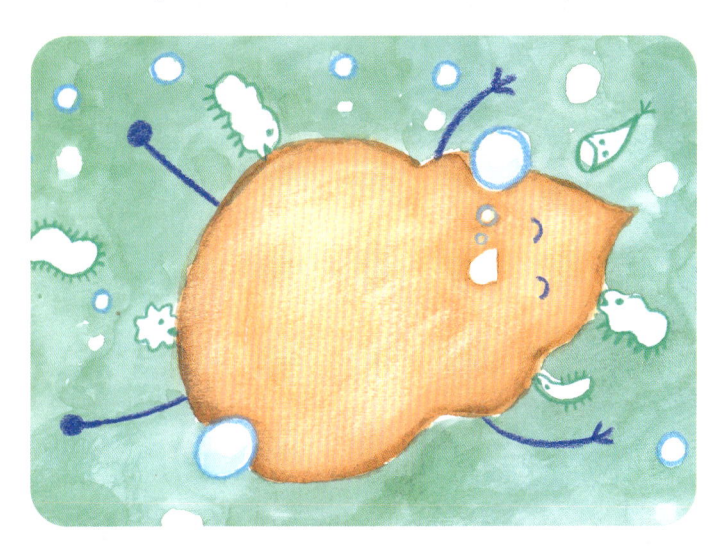

1 コイ　　**2** アメンボ　　**3** クマムシ

クイズ229の こたえ ③

パラケラテリウムは、きょうりゅうが
ぜつめつした あとの 新生代に 生きていた
ほにゅうるいです。サイの なかまですが
つのは なく、首も 長くて どちらかというと
ウマに にていたようです。

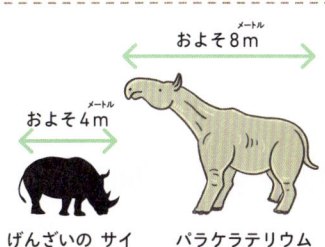

およそ8m

およそ4m

げんざいの サイ　　パラケラテリウム

232
クイズ

いい うんちの およそ80%はなにで できているの?

1 食べものの かす

2 水分

3 ちょうの中の さいきん

ぼくの 体って、ほとんど ○○だったの?

クイズ230の こたえ 3

トイレで ながされた うんちや
おしっこは、家の 地下に ある
はい水かんから 下水道かんへと
ながれていき、そこから
下水しょり場へと むかいます。

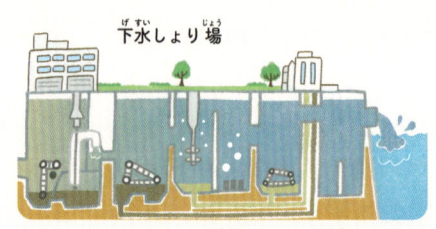

下水しょり場

つぎのうち、「いい うんち」は どれ?

1 コロコロうんち

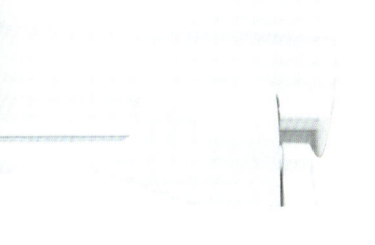

2 びしゃびしゃうんち

3 バナナうんち

クイズ231の こたえ ③

下水しょり場では、よごれた 水が いくつかの
しょりによって、きれいな 水に 生まれかわります。
大きな ゴミや よごれを とりのぞいたあと、
クマムシや ラッパムシなどの びせいぶつの
力を かりて、よごれを さらに おとします。

クマムシ

スマートフォンの ビデオ通話は、声や えいぞうを どうやって 遠くへ おくっているのかな?

1 風に のせて おくっている

2 電波に のせて おくっている

3 目に 見えない 生きものが はこんでいる

クイズ232の こたえ 2

いい うんちは およそ80%が 水分です。
のこりは 食べものの かすと、ちょうの かべから
はがれた さいぼう、ちょう内さいきんで できています。
よごれを とりのぞいた あとに のこった 水分は、
きれいな 水として ふたたび 海や 川に ながされます。

うちゅうで いちばん はやく とぶ 光は、1びょう間で 地球を なんしゅうできる?

235
クイズ

ひゃあ
はやい〜!

1 1しゅう
2 7しゅう半
3 35しゅう

いい うんち

よくない
うんち

スイッチ ひとつで つく 電気。
もともとは どこで
つくられているのかな?

パチッ!

1 電柱

2 発電所

3 空気中

クイズ234の こたえ 2

ビデオ通話のとき、声や えいぞうなどの
じょうほうは、目に 見えない 電波に
のって 空中を とんでいます。ビデオ通話の
ほかにも、さまざまな じょうほうを
はこぶために 電波が つかわれています。

つぎのうち、電気で うごいているものは どれ?

1 せんたくき

こたえは
1つじゃ
ないよ!

2 テレビ

3 エアコン

クイズ**235**の こたえ **2**

電波と 光は、うちゅうで いちばん はやい
スピードで とびます。1びょう間に とべる
きょりは、なんと 地球 7しゅう半分の
およそ30万km。だから どこに いても
すばやく やりとりが できるのです。

はなれた
ばしょでも
すぐ そばに
いるように
会話が できる。

食べものを れいぞうこに しまうと 長もちするのは どうしてかな?

1 れいぞうこが、バイキンの
にがてな くらい ばしょだから

2 れいぞうこに、バイキンを やっつける
電気が ながれているから

3 れいぞうこが、バイキンが にがてな
さむくて かわいた ばしょだから

クイズ236の こたえ ②

電気の スイッチや コンセントは、
電気を はこぶための 電線と
かべの中で つながっています。
電線を たどると、電気を つくる
発電所に たどりつきます。

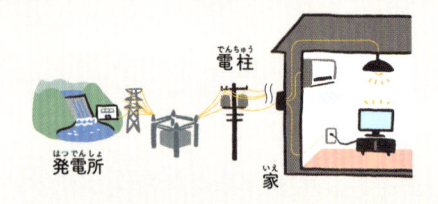

カミナリが 電線に おちると
てい電するのは どうして?

ドーン！

ゴロゴロ……

❶ カミナリが 電線の 電気を すいとってしまうから

❷ カミナリが はもののように 電線を 切るから

❸ たくさんの 電気が いっきに ながれて 電線が
切れたり ぶひんが こわれたりするから

クイズ**237**の こたえ **❶**と**❷**と**❸** （ぜんぶ！）

わたしたちの くらしには、電気を つかった
べんりな どうぐが たくさん あります。
発電所から 来る 電気を つかうものだけ
ではなく、かん電池を 入れて つかう
電化せいひんも あります。

257

240
クイズ

せい電気を ためた ストローを 水道の 水に 近づけると どうなる?

ストローを
ティッシュで
なんどか こすると
せい電気が
たまるよ。

近づけると……?

1 水が ストローのほうに まがる

2 水が ストローと はんたいのほうに まがる

3 水が いろいろな ほうこうへ とびちる

クイズ238の こたえ 3

バイキンの 多くは あたたかく しめった
ばしょが 大すきです。れいぞうこの中は
温度が ひくく カラッと かわいているため、
バイキンの かつどうが 弱まって
食べものが くさりにくくなるのです。

せい電気が
おこりやすいのは 冬。
それは なぜ?

241
クイズ

1 空気が かんそうしているから

2 体が ひえるから

3 かさねぎを するから

こたえは
2つ!

バチッ!

クイズ239の こたえ **3**

カミナリは ものすごく 大きな パワーを もった
しぜんの 電気です。カミナリが 電線などに
おちると、いっきに たくさんの 電気が ながれて
電線が 切れたり、ぶひんが こわれたりして、
てい電することが あります。

242
クイズ

空が 青いのは どうしてだろう?

1. 太陽の 光が 青色だから

2. 青い 光が 空気の つぶに 当たって たくさん はねかえるから

3. 海の 色が 空に うつっているから

クイズ240の こたえ ①

ストローは もともと ＋と －の 電気を つり合った じょうたいで もっています。
しかし、ティッシュで こすると バランスが くずれて －の せい電気が たまり、水の中の ＋の 電気を 引きよせようとします。

水が まがる

こおりが うごく

ぐにゃ

スーッ

高さ20km くらいから、青かった 空が 黒っぽく 見えはじめる。なんでだろう?

243 クイズ

雲は いちばん 高いところで 16km くらいだよ。

1 地上の 電気の 光が とどかなくなるから

2 太陽の 光を はねかえす 空気が うすくなるから

3 20km より 先には 明るい 星が ないから

クイズ **241** の こたえ **1** と **3**

体に せい電気が たまっているとき、金ぞくなどに さわろうとすると、電気が 空気中に いっきに ながれて バチッとなります。せい電気は ものと ものが こすれると たまります。冬は かさねぎを して こすれるし、空気が かんそうしているため、バチッとなりやすいのです。

244
クイズ

空と うちゅうの さかい目、
「カーマン・ライン」は
高さ なんkm？

① 15 km
② 100 km
③ 1万 km

オーロラは
80～500㎞の
あいだで
できるよ。

クイズ242の こたえ ②

太陽の 光は 7色に 分けられ、ぜんぶの
色が まざると 白になります。光は 空気の
つぶに ぶつかると はねかえります。
青は ほかの 色よりも たくさん はねかえる
せいしつが あるので、空は 青いのです。

青い 光は 空気の つぶに
ぶつかって はねかえりやすい。

ひこうきは、ふじ山より 高く とべる？ とべない？

ひこうきは、上と 下の どっちに 見えるかな？

1 とべる

2 とべない

クイズ**243**の こたえ **2**

空は 高い ばしょほど 色が こく、くらくなります。これは 太陽の 光を はねかえす 空気が うすくなるからです。20kmの 高さから 空が うちゅうのように 黒っぽく 見えはじめます。

とんでいる ひこうきの まどから 空を 見上げると 黒っぽく 見える。

ひこうきが 前に すすむ 力の もとは、つぎのうち どれかな?

はばたかなくても 前に すすめるよ!

1 ジェットエンジン

2 つばさ

3 どうたい

クイズ244の こたえ 2

「ここからが うちゅう」という はっきりとした さかい目は
ありません。人が きめた だいひょうてきな
さかい目は、100kmから 先を うちゅうとする
「カーマン・ライン」です。じっさいに、100kmより
高いところに いくと、うちゅうひこうしと みとめられます。

ひこうきの つばさの 形、正しいのは どれだろう?

1 つばさ ぜんたいが 同じ あつさ

2 つばさの 上がわが 丸くなっている

3 つばさの 下がわが 丸くなっている

クイズ245の こたえ 1

ひこうきが とんでいるのは だいたい 10km（10000m）くらいの 高さです。ふじ山の 高さは 3776mなので、ひこうきは ふじ山の 2ばいいじょう 高く とぶことが できます。

248
クイズ

地球を ゆでたまごに
たとえたとき、カラに 当たる
ぶぶんを なんという?

1 マントル

2 プレート

3 コア

この
ぶぶんだよ!

クイズ246の こたえ 1

ひこうきは ジェットエンジンで ねんりょうと
空気を まぜて もやし、うしろに むかって
いっきに ガスを ふき出します。
このいきおいで 時そく800〜900kmの
はやさで 前に すすむことが できます。

地しんは どうして おこるんだろう？

249
クイズ

1 地球の中で あばれている
生きものが いるから

2 大きな いん石が たびたび
地球に ぶつかるから

3 地球を おおっている プレートが
おし合ったり はなれたり しているから

ぐら

ぐら

クイズ247の こたえ 2

ひこうきの つばさは 上がわが 丸くなって
います。これは、上に 上がる 力を
うみ出すため。つばさの 上と 下で 空気の
ながれの スピードが かわり、それによって
上に おし上がる 力が はたらくのです。

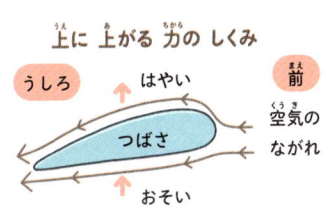

上に 上がる 力の しくみ

うしろ → はやい
前
空気の ながれ
つばさ
→ おそい

250 クイズ

日本は なんまいの プレートの上に のっているの?

1 4まい　　**2** 5まい　　**3** 12まい

クイズ248の こたえ **2**

地球は カラが ひびわれた ゆでたまごに にています。たまごの カラの ぶぶんは プレートとよばれる 岩が かさなったものです。プレートは、十数まいに 分かれて 地球を おおっています。

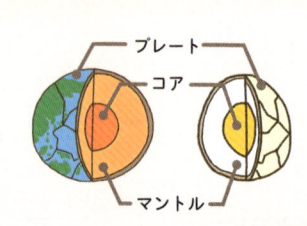

プレート
コア
マントル

人間が これまでで
いちばん ふかく ほった
あなの ふかさは どれくらい？

251 クイズ

どのくらい 下に いけるのかなあ。

1 25かいだての マンションくらい （100m）

2 東京タワー 3つ分くらい （1km）

3 ふじ山 3つ分くらい （12km）

クイズ249の こたえ **3**

地球を おおう プレートは、おたがいに おし合ったり
はなれたりと「おしくらまんじゅう」のように
うごいています。それによって プレートの さかいで
地しんが おきたり、遠く はなれたところにも 力が
くわわって、ひびわれて 地しんが おきたりします。

252
クイズ

地下に たまった 水が
あたためられて
ふき出したものを なんという?

うわぁ～

1 おんせん

2 みずうみ

3 たき

クイズ250の こたえ **1**

日本は 4まいの プレートの 上に
のっている 国です。それが いつも
おしくらまんじゅうのように
おし合っているので、せかいでも
とくに 地しんが 多いのです。

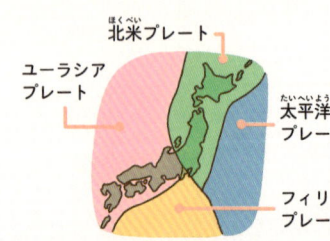

北米プレート

ユーラシア
プレート

太平洋
プレート

フィリピン海
プレート

石の中で、とくに きれいで
アクセサリーなどに つかわれる
石のことを なんという?

1 ほうせき　　**2** 金ぞく　　**3** 岩

クイズ **251** の こたえ **3**

これまで 人間が いちばん ふかく ほった あなは、
地下12km。しかし、地球の ひょうめんから
地球の 中心までは およそ6400kmあります。
12kmとは、地球が サッカーボールだとすると
ボールの みぞより あさいくらいです。

地球に 見立てたばあい

みぞ

中心まで
6400km

ルビーは 赤い ほうせき。
では ルビーと 色ちがいの
青い ほうせきは なに?

1 エメラルド

2 アメシスト

3 サファイア

2つは
きょうだいのような
ほうせきなんだね。

クイズ252の こたえ ①

日本は 海に かこまれ、火山が 多いので、
地下に たまった 水が あたためられた
おんせんが たくさん あります。おんせんには
地球ないぶの せい分が とけこんでいます。
せい分は おんせんによって さまざまです。

○○温泉

ダイヤモンドは つぎのうち どのばしょで 生まれる?

255
クイズ

ダイヤモンドの 原石
(もとの こうぶつ)

1 地下水の中

2 海の そこ

3 地下の とても
ふかい ばしょ

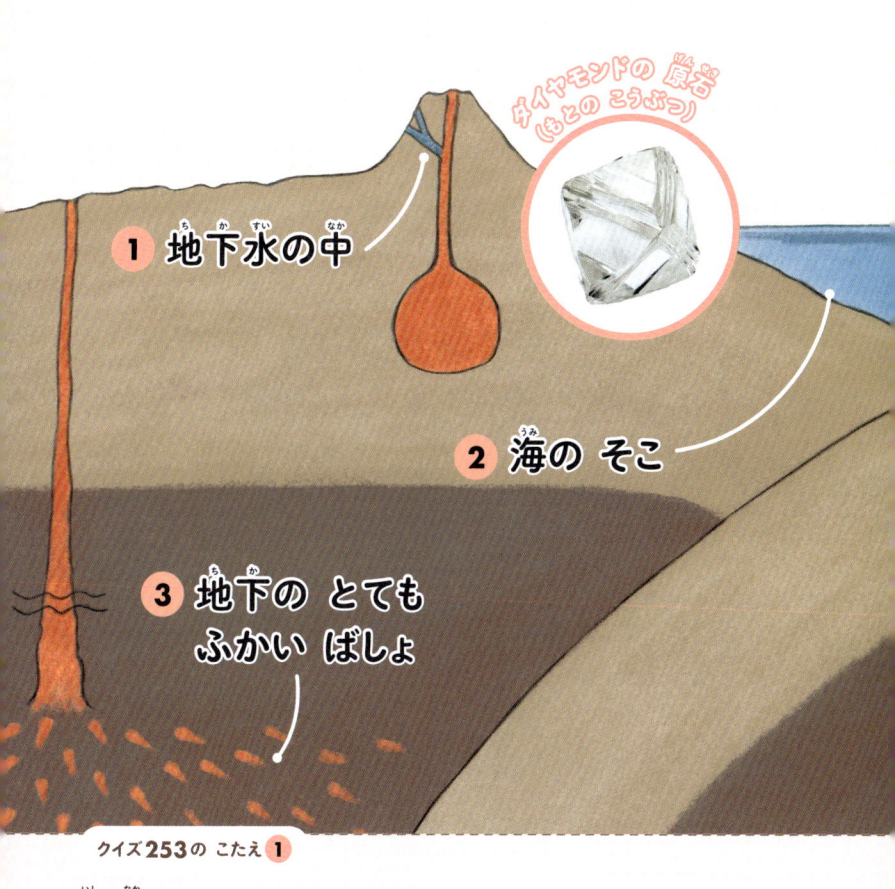

クイズ253の こたえ 1

石の中でも、とくに きれいで めずらしくて かたいもの
などは ほうせきと よばれ、むかしから 大切に されて
きました。ほうせきの 多くは、1しゅるいの「こうぶつ」で
できています。「こうぶつ」は てんねんの ぶっしつで、
とても 小さな つぶが きそくてきに ならんで できています。

石の できかたで 正しいものは どれ?

1 マグマが ひえて かたまって できる

2 すなや どろが かたまって できる

3 サンゴなどの 生きものの しがいが かたまって できる

こたえは 1つじゃ ないよ!

クイズ254の こたえ **3**

ルビーと サファイアは じつは どちらも 同じ「コランダム」という こうぶつです。こうぶつに ふくまれる せい分の りょうの わずかな ちがいによって 色が かわります。

赤色は ルビー、それいがいの 青色などは サファイアとよばれる。

マグマが ひえて かたまって できた 石は、つぎのうち どれだろう?

257
クイズ

> マグマは、地球の ないぶに ある 高温で ドロドロした ぶっしつだよ。

1 かこう岩

2 せっかい岩

3 大理石

クイズ255の こたえ **3**

ダイヤモンドは 地下ふかくの 高温で 高あつの ばしょで 生まれます。人が ダイヤモンドと であえたのは、大むかしに おきた 大きな ふん火で、マグマが ダイヤモンドを 地ひょう近くまで はこんでくれたからです。

けずって みがいた ダイヤモンド

258
クイズ

かたい 石が もろく くずれやすくなる 「風化」を 引きおこすのは どれ？

1 **太陽の光**

2 **水**

3 **風**

> こたえは 1つじゃ ないよ！

クイズ256の こたえ **1** と **2** と **3**（ぜんぶ！）

石を よく 見ると、みんな 色や 形が ちがうことに 気づきます。石は できかたの ちがいによって 名前が ちがいます。マグマが ひえて かたまったものを 「かせい岩」、すなや どろ、生きものの しがいが かたまったものを 「たいせき岩」といいます。

かせい岩

たいせき岩

写真提供：佐野貴司

276

うちゅう クイズ

地球、月、太陽、土星、
すい星、ながれ星、オーロラ、
ブラックホールなど **42**もん

昼間に 星が 見えないのは なぜだろう?

クイズ 259

1 地球の はんたいがわに いどうしているから

2 昼間は 光っていないから

3 太陽の 光のほうが 強いから

星も 目を つぶって ねているの かな?

クイズ257の こたえ 1

かこう岩は、マグマが 地下で かたまって
できたものです。せっかい岩は、サンゴなどの
しがいが かたまって できたもの。せっかいに
マグマの ねつが くわわると せいしつが
へんかし、大理石になります。

かこう岩

せっかい岩

大理石

写真提供：
佐野貴司

月は なん日間で 地球の まわりを 1しゅうしているの？

1 **1日**

2 **7日**

3 **29〜30日**

写真提供：NASA/JPL/USGS

クイズ258の こたえ 1 と 2 と 3（ぜんぶ！）

どんなに かたい 石でも、風や 日光、水などに 長い 時間 さらされると、風化します。風化が すすむと、石は くずれて 細かくなっていき、やがて すなや ねん土の つぶなどになって、また 石の ざいりょうに もどります。

太陽のように、自分で光と ねつを 出す 星のことをなんという?

1 こう星

2 わく星

3 すい星

ひょうめんの
温度は
およそ6000度!

クイズ259の こたえ 3

星が 昼間に 見えないのは、太陽の 光でてらされる 空の 明るさに まけているからです。空が くらいほど、星は たくさん 見えます。とかいより 山のほうが 星が 見えるのも、空が くらいからです。

月が ついてくるように 見えるのは なぜかな?

1 ほんとうに ついてきているから

2 月が 遠いところに あるから

クイズ260の こたえ 3

わく星の まわりを 回る 星のことを えい星と よびます。月は 地球の えい星です。月は、地球の まわりを およそ1か月 かけて 回ります。
地球を サッカーボールとすると、
月は テニスボールくらいの 大きさです。

地球は どうやって 生まれたの?

1 太陽の中から とび出して 生まれた

2 太陽のまわりの チリが あつまって
生まれた

3 なにも ないところに
とつぜん 生まれた

地球の
つくりかた、
教えるよ!

クイズ**261**の こたえ **1**

太陽のように 自分で 光と ねつを 出す
星を こう星といいます。こう星は
とても 温度が 高い ガスで できていて、
地球のような かたい 地めんは ありません。
太陽は 地球に いちばん 近い こう星です。

あつい 夏や さむい 冬が あるのは どうして?

クイズ
264

1 太陽と 地球が 近くなったり 遠くなったりするから

2 太陽の 温度が 高くなったり 低くなったりするから

3 地球が かたむいたまま
太陽の まわりを 回るから

クイズ262の こたえ **2**

月は、地球から 38万kmも はなれています。
あまりに 遠いため、人が 少し 歩いたくらいでは、
月の 見える いちは かわりません。しかし 近くの
けしきは どんどん かわるので、
月が ついてくるように かんじてしまうのです。

太陽から やってくる 太陽風と、地球の 大気が ぶつかって できるものは なに?

地球の 大気の せい分

太陽風

太陽風は 電気の 力を まとった 目に 見えない つぶ。生きものの 体を きずつけるんだ。

1 雨雲　**2** オーロラ　**3** 新しい 星

クイズ263の こたえ **2**

およそ46おく年前に 太陽が 生まれたあと、太陽の まわりを 回っていた ガスや チリが あつまり、「びわく星」が 生まれました。そのびわく星が ぶつかって 合体し、大きくなり、できた わく星のうちの ひとつが 地球です。

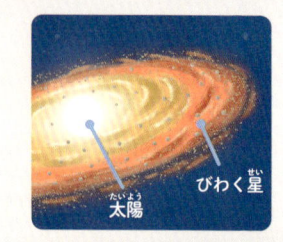

太陽

びわく星

太陽を おおう 100万度いじょうの ガスを なんという?

太陽
そのもののほうが
明るいから
ふだんは
見えないんだ。

1 コロナ

2 プロミネンス

3 フレア

クイズ264の こたえ 3

地球は かたむいたまま 1年で 太陽の まわりを 1しゅうします。このかたむきによって、同じ ちいきでも 光の 当たりかたが かわり、太陽が 高くて 昼が 長い 夏と、太陽が ひくくて 昼が みじかい 冬が 生まれるのです。

きせつごとの 太陽の とおり道

夏
春・秋
冬

月は どうして 明るいの?

1 自分で 光っているから

2 地球の 光を はねかえしているから

3 太陽の 光を はねかえしているから

クイズ265の こたえ ②

太陽から 来る 太陽風は、生きものの 体に がいが
あります。地球は 太陽風を ちじきという
じしゃくの 力で ふせいでいます。しかし ちじきの
弱いところから 太陽風は 入りこみます。それが
大気と ぶつかると、オーロラが はっせいします。

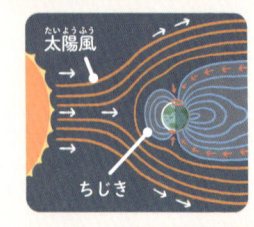

月が 丸くないとき、かけて 見える ばしょは どうなっているのかな?

1 日かげに なっている

2 なくなっている

3 へこんでいる

クイズ266の こたえ 1

太陽の まわりには コロナという ガスの そうが あります。コロナは 100万度いじょう あって とても あつく、光りかがやいています。ふだん 目で 見ることは できませんが、日食が おこったときは 空が くらくなるため、見えるようになります。

まわりの 白い光が コロナ

写真提供：国立天文台

真昼に 太陽の近くに あって、
目に 見えない 月のことを
なんという？

太陽と
同じ 時間に
のぼって
しずむよ。

1 新月　**2** まん月　**3** 下げんの 月

クイズ267の こたえ 3

月が 明るく 見えるのは、太陽の 光を
はねかえして 光っているからです。月は
太陽と ちがい、自分で ねつを 出して
いません。だから、月の 光は 太陽の 光と
ちがって あたたかく かんじないのです。

空に のぼっている 太陽が
かけたり 見えなくなったりする
日食。 どんなときに おこるの?

クイズ
270

日食の
かんさつには
日食グラスという
とくべつな めがねが
ひつようだよ。

1 太陽の 光が 弱まるとき

2 太陽と 地球のあいだを
月が よこぎるとき

3 太陽が 地球から
はなれるとき

クイズ268の こたえ ①

月は 太陽に てらされたところだけが 光ります。
日かげの ぶぶんは 地球からは 見えません。
月が およそ1か月で 地球を ひと回りすると
月・地球・太陽の いちかんけいが かわるので、
地球からは 月の 形が へんかするように 見えます。

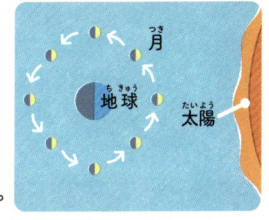

金星が 明るく かがやいて 見えるのは なぜ?

明るい 星 見一つけた!

1 光を はねかえす 雲に おおわれているから

2 地めんが 金ぞくで できているから

3 こおりで できた わく星だから

クイズ269の こたえ **1**

月は 形を かえながら 空に のぼる 時間と しずむ 時間を かえていきます。新月は 真昼に 南の 空高く のぼる 月。地球と 太陽の あいだに 月が 来るため、光が 当たらず、地球からは 見ることが できません。

地球からは かげに なって 見えない。

土星の わは
なにで できているのかな?

クイズ
272

1 かたい 岩（いわ）　**2** ガス　**3** こおり

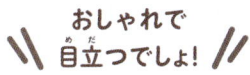
おしゃれで
目立（めだ）つでしょ!

クイズ270の こたえ **2**

新月（しんげつ）が 地球（ちきゅう）と 太陽（たいよう）のあいだを よこぎることで、
太陽（たいよう）が かくされ、かけたり 見（み）えなくなったりする
げんしょうを 日食（にっしょく）といいます。日食（にっしょく）には 太陽（たいよう）の
いちぶを かくす「ぶぶん日食（にっしょく）」と、ぴたりと
かさなる「かいき日食（にっしょく）」や「金（きん）かん日食（にっしょく）」が あります。

ぶぶん日食（にっしょく）

金かん日食（にっしょく）

写真提供：
国立天文台

太陽系で いちばん 大きな わく星は?

1 木星

2 土星

3 金星

クイズ**271**の こたえ **1**

金星は 地球の となりに ある わく星で、岩石で できています。金星が 明るく かがやいて 見える りゆうは、ひとつは 地球の となりに あって きょりが 近いため。もうひとつは、金星は 雲に おおわれていて、その雲が 太陽の 光を 76%も はねかえすためです。

つぎのうち、太陽までの きょりが いちばん 遠い 太陽系の わく星は どれかな?

1 土星　**2** 海王星　**3** 天王星

太陽系の わく星は ぜんぶで 8つ!

クイズ 272の こたえ 3

土星いがいの、ほかの きょ大わく星にも わは あります。ほかの きょ大わく星の わは、岩や チリで できていますが、土星の わは ほとんど こおりで できていると 考えられています。だから 太陽の 光を よく はねかえし 明るく 見えるのです。

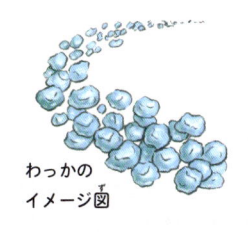

わっかの イメージ図

クイズ 275 天王星の わの とくちょうは？

1 土星の わより 明るい

2 たてむきに なっている

3 1000本いじょうの
細い わから できている

クイズ273の こたえ **1**

太陽系の 8つの わく星の中で いちばん 大きいのは 木星です。

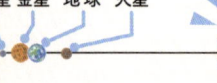  

太陽　水星 金星 地球 火星　　木星　　　　　土星

赤い 星と 青い 星、色の ちがいは なんの ちがい?

1 温度

2 地球からの きょり

3 大きさ

どうして 色が ちがうんだろう?

ベテルギウス

リゲル

オリオンざ

クイズ 274の こたえ 2

太陽から いちばん 遠い 海王星は、気温が −210度の とても さむい わく星です。地球からは ぼうえんきょうでしか 見えません。

天王星

海王星

丸い 地球から 人や 海の 水が
おちていかないのは、どんな
力が はたらいているから?

はんたいがわに
すんでいる 人は
うちゅうに
おっこちないのかな?

1 引力

2 ねんちゃく力

3 遠心力

クイズ275の こたえ 2

天王星は 地球や ほかの わく星と ちがって
よこだおしの じょうたいで 太陽のまわりを
回っています。そのため、わも たてむきです。
天王星では およそ42年間 昼が つづいたあと、
42年間 夜が つづきます。

このむきで
回って
いるよ!

月で ジャンプすると、
地球で ジャンプしたときより
なんばい 高く とべる?

1　2ばい

2　3ばい

3　6ばい

地球よりも
体が かるく
かんじられるよ!

クイズ276の こたえ 1

明るい 星を よく 見ると、色が ちがうことが
わかります。赤い 星は 年おいた 星で 温度が
ひくく、青白い 星は わかくて 温度が 高い 星です。
温度が ひくいといっても、さそりざの アンタレスは
3500度あります。ことざの ベガは 1万度です。

さそりざの
アンタレス

ことざの
ベガ

写真提供：なよろ市立天文台

ほうき星とも よばれる すい星。
すい星の 本体ぶぶんは、
つぎの どれに にているかな?

ぼくが
すい星の
本体だよ!

① ガスの つまった ふうせん

② ねん土の かたまり

③ よごれた 雪玉

クイズ277の こたえ ①

地球の どこに いても 地めんに 足を
つけていられるのは、地球の 中心に むかって
引きつけられる「引力」という 力の おかげです。
人も 海の 水も 地球との あいだに 引力が
はたらいているため、うちゅうに おちないのです。

すい星の しっぽは、どんなときに 長く のびる？

ヘール・ボップすい星

1 太陽に 近づいたとき

2 太陽から 遠ざかったとき

3 小わく星に ぶつかりそうに なったとき

長い おを 引いた 大すい星。1997年ごろに 明るくなり、18か月間も 見えつづけたよ。

クイズ278の こたえ 3

引力と、引力とは ぎゃくに 地球から とび出そうと する「遠心力」を 合わせて「重力」といいます。
重力は 地球だけでなく 月にも はたらいています。
月の 重力は 地球の やく6分の1。そのため 月では 6ばい 高く ジャンプすることが できます。

夜空に 見える 天の川の 正体は なに?

① たくさんの 星の あつまり

② たくさんの 氷の つぶ

③ 地上の 明かりが 空に うつったもの

クイズ279の こたえ ③

うつくしい おを 引く ほうき星。正式には すい星といいます。「かく」とよばれる 本体の 大きさは 数km〜数十kmです。かくは こおりや ドライアイス、チリなどから できていて、たとえるなら よごれた 雪玉のようです。

チリの お

かく

イオンの お

おりひめは、ことざの ベガのこと。では、ひこぼしは なにざの なんという 星のこと?

クイズ
282

おりひめ

ひこぼし

ヒント

七夕の でんせつに
とうじょうする
おりひめと ひこぼし。
どちらも 夏の 夜空に
光りかがやく 星だよ。

1 わしざの アルタイル

2 はくちょうざの デネブ

3 オリオンざの
ベテルギウス

クイズ280の こたえ 1

太陽に 近づいて ねっせられた すい星は、地球の
近くまで 来ると ガスや チリを ふき出し、
おが できます。おは 太陽風を うけて
太陽と はんたいがわに のびます。そのため、
太陽から 遠いうちは おは ありません。

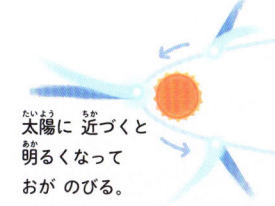

太陽に 近づくと
明るくなって
おが のびる。

つぎのうち、オーロラが 見える ちいきは どこかな？

こたえは 2つ！

① 北きょくの 近く

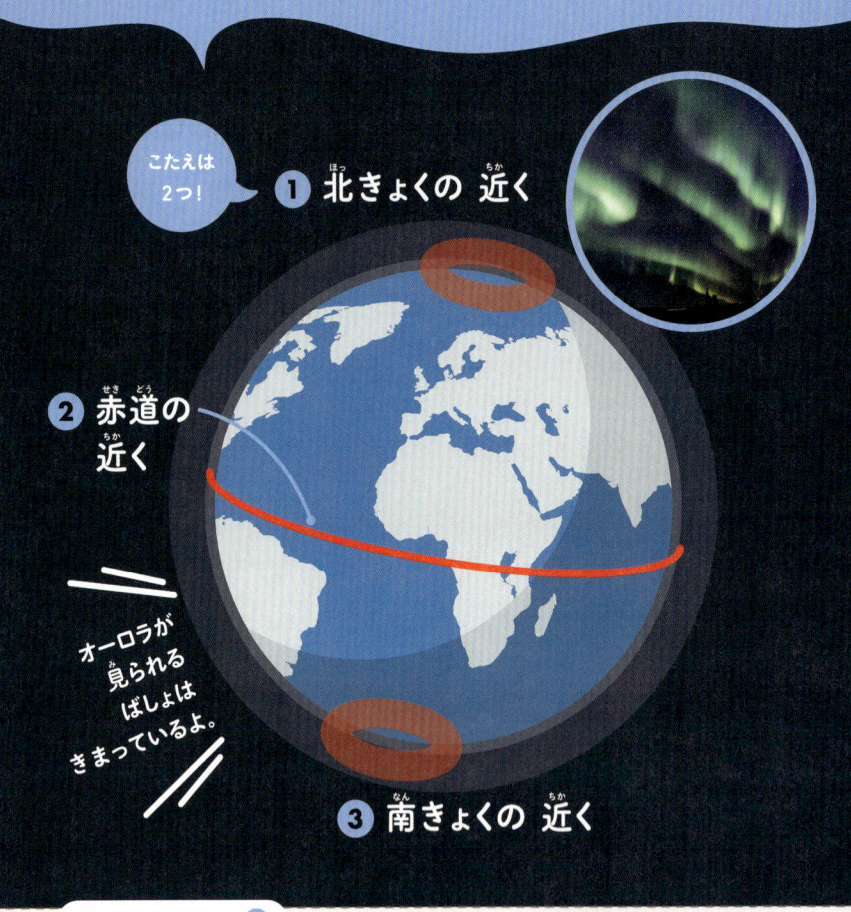

② 赤道の 近く

オーロラが
見られる
ばしょは
きまっているよ。

③ 南きょくの 近く

クイズ281の こたえ ①

夜空に 見える 白い 光の おびのような 天の川。
その正体は「ぎんが系（天の川ぎんが）」と
よばれる 1000おくこいじょうの こう星の
あつまりです。わたしたちの すむ 地球も、
このぎんが系の中に あります。

地球を ふくむ 太陽系は このあたり

さまざまな 色の
光を はなつ オーロラ。
色の ちがいは、なんの ちがい?

1 高さの ちがい

2 気温の ちがい

3 見る ほうこうの ちがい

1つの
オーロラの中に
いろんな 色が
あるね!

クイズ282の こたえ **1**

ひこぼしは、わしざの 1とう星、
アルタイルです。アルタイルと、
ことざの ベガ、はくちょうざの
デネブの 3つの 星を 線で むすんだ
形を 「夏の 大三角」と よびます。

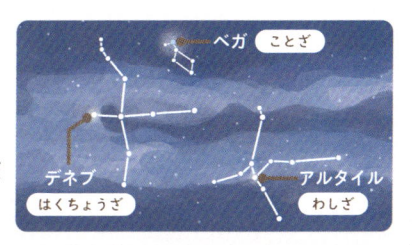

夜空で 光っている 星は、じっさいは どんな 形かな?

1 星形

2 ボールのような 形

3 でこぼこした 形

絵で かく 星の 形は こうだけど……?

クイズ283の こたえ 1 と 3

オーロラは、太陽風の 入りやすい ばしょで 生まれます
（→286ページ）。北きょくや 南きょくに 近い、オーロラが
よく 見える ちいきを「オーロラベルト」と よびます。
太陽の かつどうが かっぱつなときは、日本でも
北海道などで 少しだけ 見えることが あります。

じつは 星ではない ながれ星。なにが 光っているの?

クイズ
286

1 太陽から 来る 太陽風

2 うちゅう人からの しんごう

3 うちゅうを ただよう チリ

星のように 光って 見えるけれど、星じゃなかったんだ!

クイズ284の こたえ ①

夜空を 色とりどりに そめる オーロラ。
その色は 地上からの 高さで きまります。
地球の 大気の せい分は 高さによって
ちがうため、太陽風の つぶが どの高さで
大気と ぶつかるかで、光る 色が かわるのです。

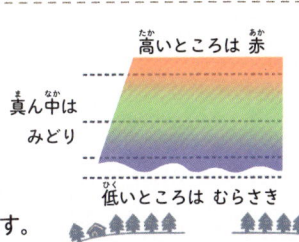

高いところは 赤
真ん中は みどり
低いところは むらさき

ながれ星の もととなる チリを つくっているのは つぎのうち どれ?

1 地球

2 すい星

3 月

わしが とおった
とおり道の チリが、
ながれ星の
もとになるんや。

クイズ285の こたえ ②

絵本などでは ☆の 形で えがかれることが 多い 星ですが、ほんとうは 丸い ボールのような 形です。星は 大きくおもたくなるほど、中心に むけて 引きよせる 力がはたらきます。すると、どのばしょも 中心から ほぼ同じきょりの、ボールのような 形になっていくのです。

たくさんの ながれ星が 見られる りゅう星ぐんの、ながれかたの とくちょうは?

1 一点から とび出すように ながれる

2 西から 東へ ながれる

3 下から 上に ながれる

たくさんの チリの中を 地球が よこぎると りゅう星ぐんが 見られるよ。

クイズ286の こたえ 3

ながれ星の 正体は 空で 光る 星ではなく、うちゅうを ただよう 1mmから 数cmほどの チリです。そのチリが 地球の 大気と ぶつかると、あっというまに 高温の ガスになって 光って きえます。これが ながれ星です。

クイズ 289
オリオンざが いちばん よく 見えるのは どの きせつ?

1 夏 **2 冬** **3 春**

オリオンざが
どこに あるか
わかるかな?

クイズ**287**の こたえ **2**

すい星は 太陽に 近づくと、ねっせられて ガスや
チリを ふき出し、おが できます。すい星の
とおり道には チリが あり、そのとおり道を 地球が
よこぎると、チリと 地球の 大気が ぶつかって
たくさんの ながれ星が 見られるのです。

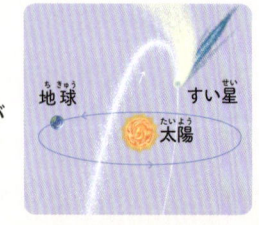

ひしゃくの 形の 北斗七星は なにざの いちぶ?

クイズ 290

北斗七星は
赤い 線の
ぶぶんだよ!

1 おおぐまざ

2 こぐまざ

3 カシオペアざ

クイズ288の こたえ **1**

すい星の とおり道を 地球が よこぎって、いちどに
たくさんの ながれ星が 見られる げんしょうを
りゅう星ぐんと いいます。「ぐん」は「むれ」という
いみです。りゅう星ぐんは、ほうしゃ点と よばれる
一点から あちこちに とび出すように 見えます。

りゅう星ぐん

つぎのうち、じっさいに ある せいざは どれ?

1 こりすざ

2 こうまざ

3 こねこざ

ぼくたちの
せいざは
あるかな?

クイズ289の こたえ 2

地球は 1年 かけて 太陽のまわりを 1しゅうします。
そのため、きせつによって 見える 星も かわります。
冬を だいひょうする オリオンざは、2つの
1とう星と 5つの 2とう星を もつ、明るくて
とても 見つけやすい せいざです。

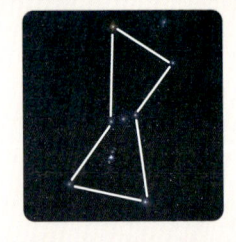

いちばん星って
どの星のことを いうの?

明るくて 自立つ 星が
いちばん星に なるよ!

いちばん星は
ぼくでしょう!

1 金星

こたえは
1つじゃ
ないよ!

2 シリウス

3 木星

いちばん星は
ぜったいに ぼく!

クイズ**290**の こたえ **1**

1年を とおして 見ることが できる
北斗七星は、おおぐまざの しっぽと こしに
当たる ぶぶんです。北斗七星の はじの
2つの 星を むすんだ 長さを 5ばいすると、
北きょく星を 見つけることも できます。

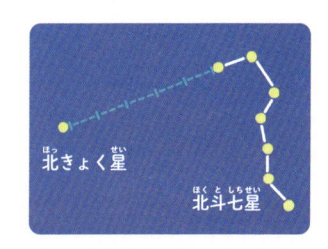

北きょく星

北斗七星

クイズ 293

うちゅうひこうしが
うちゅうで つかう トイレは
どんな トイレかな?

これが
トイレ!?

1 ふつうの 家と 同じ 水で ながす トイレ

2 せんぷうきみたいに とばす トイレ

3 そうじきみたいに すいこむ トイレ

クイズ291の こたえ 2

秋に 見える こうまざは
ペガススざの すぐ 近くに
ある 小さな せいざです。
こうまざは ペガススざの
弟ともいわれています。

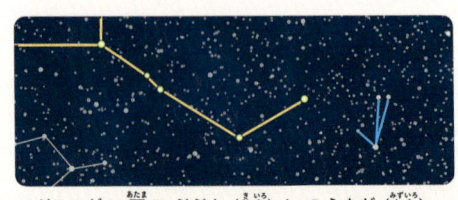

ペガススざの 頭の ぶぶん（黄色）と こうまざ（水色）

太陽系で 生きものが いるのは 地球だけ。生きものが いるのは 地球に なにが あるから?

クイズ
294

ヒント

地球に あって
うちゅう空間に
ないものだよ。

こたえは
1つじゃ
ないよ!

1 水

2 空気

3 ちょうど いい 気温

クイズ292の こたえ **1** と **2** と **3** (ぜんぶ!)

いちばん星とは きまった 星を さす ことばではなく、
夕方 いちばん さいしょに かがやき出す 星のことを
いいます。金星は 太陽、月の つぎに 明るく
見えるので、金星が 夕方に 見える じきは 金星が
いちばん星になります。

ロケットが 地球に おちずに うちゅうに とび出せるのは どうしてだろう?

① ふうせんのように かるい ざいりょうで できているから

② ものすごい スピードで とび出すから

③ 地球の外に ワープしているから

クイズ**293**の こたえ **③**

うちゅうステーションでは 重力が ないため、なんでも うかんでしまいます。そのため トイレは ホースを つかって、そうじきみたいに すいこむ しくみです。おしっこは リサイクルされて、のみ水になります。

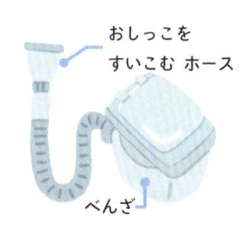

おしっこを すいこむ ホース

べんざ

近い みらいに
人が くらせるかもしれない、
地球いがいの 星は どこ?

クイズ
296

① 土星　② 月　③ 水星

ようこそ!
地球人さん。

生きものが くらすためには、水や 空気が あり、
気温も あつすぎず さむすぎず ちょうど よく
なければ いけません。地球が このじょうけんに
当てはまるのは、太陽からの きょりが ちょうど
いいため。これを 「ハビタブルゾーン」といいます。

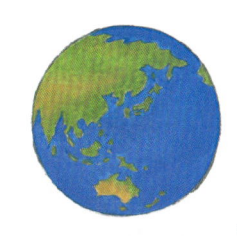

なんでも すいこむ ブラックホールを 目で 見ることが できないのは なぜ?

1 いせかいに あるから

2 バリアで かくされているから

3 光も すいこんでしまうから

だれかに
見られるのは
はずかしいの。

クイズ**295**の こたえ **2**

ボールを なげても すぐに 地めんに おちますが、
なげる スピードを 上げれば 遠くまで とび、
地球は 丸いので やがて 地めんに おちなくなります。
つまり、地球の 重力を ふりきる スピードを 出せば、
地球に おちずに うちゅうに とび出せるのです。

ブラックホールに
すいこまれる 星は、
すいこまれる前に どうなる?

1 ピザの ように たいらになる

2 スパゲッティのように
細く 引きのばされる

3 なにも おきず、
そのまま すいこまれる

クイズ296の こたえ **2**

地球いがいで 人が うちゅうふくなしで くらせる
星は まだ 見つかっていません。しかし、月には
大りょうの こおりが あると 考えられていて、
このこおりから 水と さんそを つくり出し、月の
地下で くらす 計画が すすめられています。

クイズ 299 うちゅう人って いるの? いないの?

1 いる　**2** いない　**3** いるかもしれない

クイズ**297**の こたえ **3**

ブラックホールは、中心に 引きよせる 力が とても 強く、近くに あるものを なんでも すいこんでしまいます。うちゅうで いちばん はやい 光ですら すいこまれるため、見ることは できません。 ブラックホールそのものは 見えませんが、まわりの ガスから 出る 電波を 電波ぼうえんきょうで 見つけることが できます。

電波 ぼうえんきょう

うちゅうが 生まれたのは 今から どのくらい前?

① 1おく年前

② 46おく年前

③ 138おく年前

さいしょの 星や ぎんがの たん生

うちゅうの たん生

うちゅうは 生まれて すぐに いっしゅんで きゅうげきに ふくれ上がったよ。

クイズ298の こたえ **②**

ブラックホールに すいこまれる 星は、ブラックホールの とても 強い 重力によって 細く 引きのばされてから すいこまれます。このげんしょうを「スパゲッティ化 げんしょう」といいます。

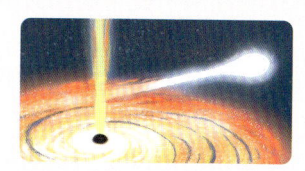

ブラックホールに すいこまれる 星の そうぞう図

監修

制作協力　山下 美樹

編集	内野陽子　小椋夏琳　滝沢奈美（WILL）／工藤亜沙子／山岡由佳
デザイン	細山田光宣　室田潤　鈴木沙季（細山田デザイン事務所）
DTP	小林真美　滝田梓　新井麻衣子（WILL）／藤城義絵／岡田由美子
校正	村井みちよ
写真	©Getty Images　Photolibrary　PIXTA

国立科学博物館

1877年に創立された日本で最も歴史のある博物館のひとつであり、自然史、科学技術史に関する国立の唯一の総合科学博物館。

国立天文台

日本の天文学研究における代表的な研究機関。宇宙の研究だけでなく、暦の作成や中央標準時の決定なども行っている。

小林 快次

北海道大学総合博物館教授、同館副館長。海外へ発掘調査に出ながら恐竜の分類や研究を行う、日本を代表する恐竜学者。

田中 康平

筑波大学生命環境系助教。恐竜の巣づくりや子育ての研究を行う恐竜学者。

※本書は当社刊『かがくのお話25』『いきもののお話25』『もっと！かがくのお話25』『きょうりゅうのお話20』『さしのお話20』『うちゅうのお話20』（いずれも山下美樹・作）から生まれたクイズブックです。元の書籍の文章・イラスト・写真を用いて編集しています。

イラスト（50音順）

秋永悠、市居みか、大串ゆうじ、オガワユミエ、川崎悟司、かわさきしゅんいち、かわむらふゆみ、倉田けい、佐々木一澄、サトウマサノリ、柴田ケイコ、しまざきあんみ、じゅえき太郎、高藤純子、たかまつかなえ、高村あゆみ、タダサトシ、田中六大、寺山武士、トガシユウスケ、徳永明子、長崎真悟、中島智子、林なつこ、はらぺこめがね、平澤南、フクイサチヨ、マスリラ、みなみあすか、目黒雅也、メセグリン

クイズ299の こたえ ③

うちゅう人が いるかもしれないと 考えている 天文学者も います。ただ、交信したり 会ったりするのは むずかしいでしょう。

クイズ300の こたえ ③

うちゅうは およそ138おく年前に 生まれ、今も 広がりつづけています。

ぐんぐん考える力を育む　かがくクイズブック

2024年11月20日発行　第1版

監修者	国立科学博物館、国立天文台、小林快次、田中康平
発行者	若松和紀
発行所	株式会社 西東社 〒113-0034　東京都文京区湯島2-3-13 https://www.seitosha.co.jp/ 電話　03-5800-3120（代）

※本書に記載のない内容のご質問や著者等の連絡先につきましては、お答えできかねます。

ISBN　978-4-7916-3313-5